프로이트 의자에서
네 꿈을 만나 봐

나무클래식 05
프로이트 의자에서 네 꿈을 만나 봐

초판 1쇄 발행 2015년 9월 25일
초판 2쇄 발행 2016년 12월 5일

지은이 부희령 | 그린이 이고은 | 펴낸이 이수미 | 기획 · 편집 이해선 | 디자인 달뜸창작실 | 마케팅 임수진 |
출력 국제피알 | 종이 세종페이퍼 | 인쇄 두성피앤엘 | 유통 신영북스

펴낸곳 나무를 심는 사람들
출판신고 2013년 1월 7일 제 2013-000004호 | 주소 서울시 마포구 양화로 156 엘지팰리스 1509호 |
전화 02-3141-2233 팩스 02-3141-2257 | 이메일 nasimsabooks@naver.com
블로그 blog.naver.com/nasimsabooks
페이스북 www.facebook.com/nasimsabooks
포스트 post.naver.com/nasimsabooks

ISBN 979-11-86361-13-9 44180
979-11-950305-7-6(세트)

이 도서의 국립중앙도서관 출판시도서목록(CIP)은 서지정보유통지원시스템 홈페이지(http://seoji.nl.go.kr)와
국가자료공동목록시스템(http://www.nl.go.kr/kolisnet)에서 이용하실 수 있습니다. (CIP제어번호:CIP2015024064)
책값은 뒤표지에 있습니다. 잘못된 책은 바꾸어 드립니다.

『**꿈의 해석**』을 쓴 심리학자 **프로이트** 이야기

프로이트 의자에서 네 꿈을 만나 봐

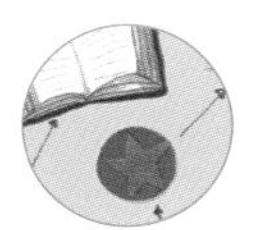

글 부희령 그림 이고은

나무를 심는 사람들

정신의 고고학자 프로이트

열 길 물속은 알아도 한 길 사람 속은 모른다는 말이 있습니다. 우리는 늘 마음을 쓰면서 살지만, 내 마음이나 다른 사람 마음에 대해 알기가 어렵다는 뜻입니다. 이 부분에서 좀 의아한 생각이 들 수도 있을 겁니다. 마음은 눈에 보이지 않는 것이니 다른 사람 마음을 알 수 없는 것은 당연하지만, 내가 내 마음을 모르다니, 그게 말이 되는 걸까요? 프로이트의 정신 분석을 다윈의 진화론에 견줄 만큼 높이 사는 이유는 아마도 사람의 마음속 깊은 구석에 나도 모르는 내 마음이 있음을 발견했기 때문일 것입니다.

20세기로 접어드는 1900년에 프로이트의 『꿈의 해석』이 출간되었습니다. 이것은 매우 상징적인 일이기도 합니다. 『꿈의 해석』은 20세기의 문화와 정신이 그 이전 시대와 전혀 다른 방향으로 변화하고 발전하도록 만든 책으로 평가받고 있기 때문입니다. 프로이트는 스스로 자신의 마음을 들여다보면서 얻은 통찰로 이 책을 썼습니다. 이 책에 나오는 200여 개의 꿈 사례들 가운데 40여 개의 꿈이 프로이트 자신의 꿈이라고 합니다.

프로이트는 자기 자신과 다른 사람들의 꿈 이야기를 들으면서, 과거의 흔적인 유적지를 탐사하는 고고학자들처럼 깊고 세심하게 사람의 마음을 파고들었습니다. 자신이 사랑했던 고대의 신화나 역사, 문학 작품들 속의 사람들 마음속에서도 단서를 발견했습니다. 그래서 사람의 마음속에 억눌린 소망이나 욕망을 가둬 놓은 무의식이라는 부분이 있음을 깨달았습니다. 무의식이라는 것은 의식이 없다는 게 아니라, 의식되지 않는 마음이라는 의미입니다. 또한 프로이트는 사람이 어떤 행동을 하도록 이끄는 힘은 리비도라는 성적 에너지에서 나오는 것이라고 주장했습니다. 물론 이런 성적 에너지는 지식에 대한 욕구나 예술 활동을 하고자 하는 욕구로 변화되는 것입니다.

프로이트의 정신 분석이 그 시대 사람들에게 준 충격은 코페르니쿠스의 지동설과 다윈의 진화론에 버금가는 것이었습니다. 프로이트는 인간이 결코 도덕적이거나 이성적인 존재가 아니며, 인간의 정신은 무의식과 성적인 충동에 더 많이 지배당하고 있다고 주장했습니다. 이러한 내용은 세상 사람들이 받아들이기 불편한 것이었습니다.

프로이트는 평생 자신을 엄정한 과학자로 생각했지만, 프로이트의 정신 분석을 과학이라고 할 수 있는지에 대해서는 여전히 다른 의견들이 많습니다. 그러나 등잔 밑이 어둡다는 말이 있듯이, '나도 모르는 내 마음'이 있음을 발견하고 그 속에 환한 빛을 비춰 보았다는 면에서, 프로이트는 세상을 밝혀 주는 빛 역할을 했다고 할 수 있을 것입니다.

2015년 9월 부희령

차례

1장 히스테리는 고통스러운 기억 때문에 생길까? 10

진료실 한가운데 놓인 긴 의자

속마음을 털어놓는 환자들

무의식 속에 억눌러 둔 부끄러운 감정

2장 영웅이 되고 싶은 소년 30

차별과 멸시를 받는 유대 인

의학을 공부하기로 결심하다

정신병을 고치려고 전기 충격을 준다고?

3장 꿈은 소원 성취다!『꿈의 해석』 50

무의식을 일깨운 아버지의 죽음

'이르마의 꿈'으로 꿈의 비밀을 풀다

꿈은 억눌린 소망을 이루어 주는 것

사랑하는 사람이 꿈에서 죽는 이유는?

4장 인간에 대한 수수께끼를 풀어 가는 사람 74

오이디푸스 콤플렉스

말실수와 농담도 무의식과 관계있다

무의식을 움직이는 힘

5장 성공과 명예를 거머쥐다 92

유명한 수수께끼를 푼 영웅

정신 분석가와 고고학자의 공통점은?

사소한 일은 빨리 잊어버려라!

6장 서로를 진심으로 좋아했던 프로이트와 융 110

만족스러운 미국 여행

아들러와 관계를 끊다

융과 완전히 결별하다

7장 정신 분석을 새롭게 가다듬다 126

늑대 인간 세르게이의 꿈

세 가지 인격으로 이루어진 마음

8장 전쟁은 끔찍한 집단 정신병 136

인류는 얼마나 더 잔인해질까?

그 아이가 사무치게 그립다

9장 나의 안티고네, 안나 148

삼십여 차례의 수술을 견디다

죽음 앞에서 함께 싸워 준 동지

10장 정신의 혁명가 프로이트 158

정신 분석가가 되어 큰돈을 벌고 싶나요?

마리 보나파르트 공주와의 만남

작은 고향 마을을 늘 그리워하다

11장 히틀러와 함께 미쳐 가는 세상 172

프로이트의 책들을 불태우다

게슈타포가 안나를 잡아가다

12장 자유 속에서 죽다 184

불안에 떨어야 했던 기차 여행

전설이 된 프로이트의 의자

프로이트, 뭐가 더 궁금한가요? 194

❶ 프로이트의 유적지는 어디에 있나요?

❷ 프로이트의 부인은 어떤 사람이었나요?

❸ 안나는 어떤 삶을 살았나요?

❹ 융은 프로이트와 결별한 뒤에 어떻게 지냈나요?

❺ 프로이트의 대표작 두 편을 꼽는다면요?

❻ 정신 분석은 오늘날 어떻게 받아들여지나요?

꿈은 소원 성취다.

꿈은 무의식과 의식을 연결하는 고리이다.

—『꿈의 해석』 중에서

1장

히스테리는 고통스러운 기억 때문에 생길까?

진료실 한가운데 놓인 긴 의자

방 안에는 담배 연기가 자욱했다. 방 한가운데에는 등받이와 팔걸이가 달린 긴 의자가 놓여 있었고, 의자 뒤에는 지크문트 프로이트 박사가 입에 시가를 문 채 앉아 있었다. 꿰뚫어 보는 듯한 두 눈이 잿빛 수염을 잘 다듬은 얼굴 위에서 빛났다. 두려움이나 불쾌감을 자아내는 눈빛은 아니었다. 오스트리아 빈의 베르크가세 19번지, 프로이트의 집에 있는 진료실 안이었다.

환자들은 신발을 벗고 침상처럼 긴 의자에 편하게 누웠다. 그리고 프로이트와 대화를 나누었다. 긴 의자는 유난히 고급스러웠다.

프로이트에게 치료를 받던 환자가 고마움의 표시로 준 선물로, 훌륭한 페르시아 양탄자가 깔린 위로 벨벳 쿠션이 몇 개 놓여 있었다. 벽에 붙여 세워져 있는 떡갈나무 책꽂이에는 책과 고대의 조각상들이 나란히 늘어서 있었다. 조용하고 아늑한 방이었다.

커다란 쿠션을 베고 스물네 살의 엘리자베스가 의자 위에 누워 있었다. 엘리자베스는 2년 전부터 뚜렷한 이유 없이 다리가 아팠다. 통증은 점점 심해져 제대로 걸을 수 없을 지경이 되었다. 엘리자베스는 지팡이를 짚고 있는 것처럼 몸을 앞으로 기울인 채 겨우 느릿느릿 걸을 수 있었지만, 걷다가 쉽게 고꾸라지곤 했다.

원래 엘리자베스를 치료하던 의사는 프로이트의 친구였다. 엘리자베스의 다리가 좀처럼 나아질 기미를 보이지 않고 증세가 점점 심해지자, 프로이트에게 엘리자베스를 보냈다.

그 무렵 프로이트는 마음의 병이 있는 환자를 특별한 방법으로 치료하는 것으로 소문이 나 있었다. 복잡하거나 어려운 치료법은 아니었다. 환자가 하고 싶은 이야기나 환자가 꾸었던 꿈 이야기를 자유롭게 털어놓는 것이었다. 그동안 프로이트는 긴 의자 뒤에 앉아 환자의 이야기에 귀를 기울였다.

"떠오르는 생각을 모두 말하세요. 앞에 있는 사람에게 기차의 창가로 지나가는 풍경을 설명하듯 이야기하세요. 솔직하게 말하겠다고 약속한 것을 잊지 마시고요."

프로이트는 환자들에게 늘 하는 부탁의 말을 엘리자베스에게 했다.

"우리 가족에게는 지난 몇 년 간 기쁜 일이 하나도 없었어요. 불행한 일들만 연달아 일어났죠. 처음에는 아버지가 돌아가셨어요. 그 뒤 어머니는 눈에 문제가 생겨 큰 수술을 받으셔야 했지요. 결혼한 작은언니가 아기를 낳은 뒤 심장병으로 죽었어요. 그런 슬픈 일들을 겪으면서 저는 어머니를 돌보고 언니를 간호해야 했어요."

엘리자베스는 눈을 감은 채 아무런 표정 없이 이야기를 하다가 말을 멈추었다.

"지금 어떤 느낌이 드나요?"

프로이트가 물었다.

"아무 느낌도 들지 않는데요."

엘리자베스가 대답했다. 프로이트는 그 말을 곧이곧대로 믿지는 않았다. 그렇다고 엘리자베스가 거짓말을 하고 있다고 생각한 것은 아니었다. 프로이트는 환자들이 자신이 겪은 괴로운 일이나 경험들을 잊어버리고 싶어 한다는 것을 알고 있었다. 해서는 안 되는 일, 사람들에게 비난받을 만한 일들을 숨기고 있다는 것도 알고 있었다. 환자들 대부분은 허용되지 않는 소망을 마음속 깊은 곳에 숨겨 두고 있었다. 프로이트는 그러한 소망들 때문에 환자들이 이유를 알 수 없는 통증이나 증상에 시달리게 된다고 생각했다.

프로이트는 엘리자베스가 다시 제대로 걸을 수 있으려면 마음속에서 억누르고 있는 게 무엇인지 스스로 알아차려야 한다고 믿었다. 프로이트와 매일매일 조금씩 대화를 나누면서, 마침내 엘리자베스는 자신이 작은언니의 남편을 좋아했고, 그래서 언니가 죽기를 바라는 마음이 있었음을 깨달았다. 언니가 아기를 낳은 뒤 정말로 죽자, 엘리자베스는 언니에게 죄를 지은 느낌이 들었다. 자신이 품고 있던 그릇된 소망을 용서할 수 없었다. 그러면서 다리가 아프기 시작했다. 프로이트의 진료실에 누워 속마음을 모두 털어놓고 나자, 엘리자베스는 다시 걸을 수 있게 되었다.

당시 의사들은 특별한 질병이 있거나 크게 다친 적도 없는데 몸이 아프거나 움직이기 힘든 증상들, 분명한 원인을 찾을 수 없는 이러한 증상들을 뭉뚱그려서 '히스테리'라고 불렀다. 거의 대부분이 여성이었던 히스테리 환자들은 얼굴 근육이 떨리거나, 메스꺼움을 느끼거나, 기침, 어지러움, 마비, 발작 등 이해할 수 없는 여러 증상에 시달렸다. 이따금 기운이 없고 아무것도 하기 싫

> 환자들은 품어서는 안 되는 소망을
> 마음속 깊은 곳에 숨겨 두고 있었다.

어하면서 우울함을 느끼는 사람들도 있었다.

그때까지만 해도 히스테리는 여자들만 걸리는 병이라고 생각했다. 그래서 그리스 어로 '자궁'이라는 의미를 지닌 히스테리라는 병명이 붙은 것이기도 했다. 고대 그리스 사람들은 여성의 자궁이 몸속을 떠돌다가 이러한 증상을 일으킨다고 믿었다. 19세기 후반이 될 때까지도 의사들은 히스테리의 원인에 대해 분명히 알지 못했다. 다만 히스테리의 원인이 몸의 질병 때문이 아닐지도 모른다는 추측을 하기 시작했을 뿐이다.

속마음을 털어놓는 환자들

프로이트가 히스테리에 관심을 갖게 된 것은 요제프 브로이어 때문이었다.

"어서 오게, 프로이트. 날씨도 더우니 욕조에서 목욕하면서 좀 기다려 주겠나? 내가 두통이 있어서 지금 막 약을 먹은 참이야."

빈에서 유능한 의사로 이름을 날리던 브로이어는 프로이트보다 열네 살이 많았다. 프로이트는 브로이어의 집에 드나들 정도로 가까운 사이였다. 그 시대에는 상당한 부자여야 욕실에 욕조를 갖추고 살 수 있었다.

"마르타는 잘 있나?"

목욕을 마치고 서재로 돌아온 프로이트에게 브로이어가 물었다. 마르타는 프로이트의 약혼녀 이름이었다. 프로이트는 누이동생 친구인 마르타와 사랑에 빠져 있었다. 그러나 프로이트가 성공하기 전에는 결혼을 허락할 수 없다는 마르타 어머니의 뜻에 따라 약혼 기간이 길어지고 있었다. 마르타는 그 무렵 함부르크로 이사를 가서 두 사람은 만나지도 못하고 편지만 주고받고 있었다.

"네, 건강하게 잘 있답니다."

목욕을 끝낸 프로이트는 기분이 상쾌했다. 프로이트는 브로이어를 좋아했다. 브로이어와 대화를 나누고 있으면, "햇볕 속에 앉아 있는 것" 같다고 하면서, "그 사람은 빛과 온기를 주위에 나눠 준다."라고 마르타에게 보내는 편지에 쓰기도 했다. 브로이어는 프로이트를 자주 집으로 초대했으며, 동료 의사이자 나이가 훨씬 많은 친구의 자격으로 여러 충고를 해 주었다. 경제적인 도움도 아끼지 않았고 함께 여행을 하기도 했다.

"전에 내가 이야기했던 그 환자 기억하나?"

프로이트는 브로이어의 말에 귀를 기울였다. 그 무렵 프로이트는 자신의 환자보다 브로이어의 환자인 안나에게 더 큰 관심을 갖고 있었다.

스물한 살의 여성인 안나는 여러 가지 복잡한 히스테리 증상으로 어려움을 겪고 있었다. 팔이 마음대로 움직이지 않거나, 귀가 잘 들리지 않고, 심한 두통에 시달리기도 했다. 오렌지 말고 다른 음식은 먹으려 하지 않았고 음식을 보면 토하기도 했다. 갑자기 자기 나라 말인 독일어를 모두 잊어버렸다면서, 영어로만 말하기도 했다.

브로이어는 매일 저녁 안나를 방문해서 히스테리 증상을 살피고 대화를 나누었다. 안나는 브로이어와 이야기를 하고 나면 병의 상태가 조금 나아졌다. 자기 속마음을 털어놓기 때문이었다. 안나는 이러한 치료 방식을 '대화 치료'라고 불렀다.

"이렇게 더운 날씨인데도 요즘 그 아가씨는 물을 마시려 하지 않았어. 목이 타는 듯이 말라도 물을 마실 수 없다고 하더군. 환자 자신도 자기가 왜 그러는지 알 수가 없다는 거야. 그래서 내가 답답한 마음에 최면을 걸었더니 어린 시절의 기억을 이야기하더군. 자신을 돌봐주던 유모가 유리컵에 물을 담아 개에게 먹이는 걸 봤고, 그때 역겨움을 느꼈다고 말했어."

"그럼 예전에 느꼈던 역겨움 때문에 물을 마시지 못했던 건가요?"

"그렇다네. 그 느낌을 여전히 마음속 깊이 담아 두고 있었나 봐. 최면에서 깨어났을 때 그 이야기를 해 주었더니 물을 마시더군. 마음의 문제가 몸의 증상으로 나타난다는 게 흥미롭지 않은가?"

최면이란 사람이 잠들어 있는 것도 깨어 있는 것도 아닌 상태가 되도록 만드는 것이다. 몸의 긴장을 풀고 반짝이는 물건을 오래 바라보거나 다른 사람이 하는 말에 주의를 집중하도록 하면 사람을 최면 상태로 만들 수 있다.

브로이어는 그 후에도 문제가 되는 증상의 해답을 얻기 위해 안나에게 종종 최면을 걸었다. 그러면서 안나는 고통스러웠던 경험이나 자신을 괴롭히는 불안이나 두려움을 털어놓을 때, 마음이 편안해지고 여러 병적인 증상들이 사라진다는 사실을 깨달았다. 예를 들어, 뱀을 무서워하게 된 사건이 어떤 것이었는지 기억을 되살려서 알게 되고, 그것을 털어놓으면 뱀을 무서워하는 것과 연관된 신체적 증상이 사라졌다. 안나는 이런 치료를 '굴뚝 청소'라고 불렀다. 마음과 기억 속에 쌓여 있는 굴뚝의 그을음 같은

멍
멍
멍멍
아니, 개랑 나랑 똑같은 유리컵을 쓴 거잖아, 우웩!

나쁜 기억을 억지로 숨기려고 하면
몸이 아프게 된다.

병을 청소한다는 뜻이었다.

프로이트는 브로이어로부터 안나의 치료 과정에 대한 이야기를 들을 때마다, 히스테리가 신체적 질병이 아니라 마음이 원인인 심리적 질병일지도 모른다는 생각을 했다.

'히스테리는 고통스러운 기억 때문에 생기는 병이 아닐까? 뇌 손상이나 신체적 질병이 있어서가 아니라 떠올리기 싫은 기억을 억지로 잊고 숨기려 하기 때문에 몸이 아픈 게 아닐까? 그런 기억을 되살려서 털어놓으면 몸이 회복되는 게 아닐까?'

안나의 증상과 치료 과정을 지켜보면서 프로이트는 신경증이나 히스테리 같은 마음의 병, 정신의 질병을 연구하는 정신 병리학에 관심을 갖게 되었다. 정신 병리학은 그 무렵 새롭게 태어난 학문이었으며, 그 중심지는 프랑스의 파리였다.

파리의 살페트리에르 정신 병원 원장이자 신경학 교수인 장 마르탱 샤르코는 히스테리 연구로 이름이 높았다. 프로이트는 빈 대학의 장학금을 받아 샤르코 밑에서 뇌에 대한 공부를 하기 위해 파리로 갔다.

샤르코 교수는 솔직하고 활기찬 사람이었다. 그는 정신 질환과 히스테리, 마비, 신경증에 대해 강의를 했고, 환자에게 최면을 거는 장면을 강의실에서 직접 보여 주기도 했다.

"자, 내 눈을 똑바로 바라보세요. 온몸에서 힘이 빠져나갑니다. 다리에서, 팔에서, 손가락에서…. 자, 이제 온몸이 나른해집니다. 잠이 옵니다. 눈이 감깁니다. 눈을 감고 숨을 깊게 들이쉽니다…."

최면에 걸리면 환자는 반은 잠들고 반은 깨어 있는 상태가 된다. 샤르코는 최면에 걸린 환자의 아픈 부위를 손으로 누른 뒤 이제 아프지 않다고 속삭였다. 그러면 신기하게도 아픔이 사라졌다. 반대로 샤르코가 아무렇지도 않은 팔을 손으로 누르면서 마비되었다고 속삭이면, 최면 상태에 있는 환자들은 실제로 팔을 움직이지 못했다. 최면에서 깨어나면 다시 원래 상태로 돌아왔다. 그리고 자기에게 일어난 일들을 기억하지 못했다.

샤르코는 최면으로 히스테리를 치료할 수도 있고, 히스테리를 일으킬 수도 있다고 주장했다. 의사들 대부분은 그러한 치료를 속임수라고 비웃었지만, 환자들은 최면 치료를 받은 뒤 자신의 상태가 많이 나아졌다고 느꼈다. 샤르코가 최면으로 히스테리 환자들을 치료하는 장면을 여러 차례 보면서 프로이트는 최면과 히스테리가 어떻게 연결이 되는지 궁금했다.

그 당시 의사들은 눈에 보이지 않는 미생물이나 세균이 몸에 들어와 병을 일으키는 것처럼, 신경증이나 히스테리 같은 병은 뇌에 있는 신경 세포들이 병들었기 때문이라고 생각했다. 하지만 최면에 걸린 환자들의 몸이 마비되었다가 다시 풀리는 것을 본 프로이트는 몸에서 일어나는 여러 가지 현상들이 마음에서 비롯될 수 있다는 생각을 했다.

'신경계에 이상이 없어도 팔다리를 움직일 수 없다니 신기하다. 우리가 알지 못하지만 정신에 영향을 미치는 힘이 있지 않을까? 만약 있다면 그것은 무엇일까?'

프로이트는 자신의 의문에 대한 답을 찾기 위해 노력했다.

무의식 속에 억눌러 둔 부끄러운 감정

파리에서 6개월 동안 유학을 마치고 빈으로 돌아와 프로이트는 자신의 병원을 열었다. 그리고 히스테리와 신경증을 치료한다는 광고를 냈다. 처음에는 환자들이 많지 않았다. 프로이트는 샤르코의 책을 번역하거나 빈 대학에서 강의를 하기도 했다. 그러면서 프로이트의 새로운 치료법에 대한 이야기가 알려졌다. 치료 효과를 경험한 환자들이 소문을 퍼뜨렸다. 다른 의사들이 치료하기 힘든 환자들을 프로이트에게 보내기도 했다.

진료실에서 프로이트는 환자들과 만나 마음속의 고민이나 괴로운 기억 그리고 숨겨진 소망에 대한 이야기를 들었다. 여러 환자들을 경험하면서 프로이트는 모든 사람이 최면에 걸리는 것은 아니라는 사실을 알게 되었다. 최면으로 히스테리를 치료할 수 있다는 믿음도 점점 약해졌다. 그보다는 마음속에 있는 이야기들을 털어놓는 게 더 효과적임을 깨달았다. 프로이트는 이따금 환자들이 억누르고 있는 기억이나 감정이 자연스럽게 드러나도록 이끄는 질문을 해서 더 많은 이야기가 나오도록 만들었다.

어느 날, 어떤 여자 환자가 자신의 증상을 설명하는 도중에 프로이트가 몇 가지 질문을 했다. 그러자 환자가 화를 냈다.

"교수님, 그냥 제가 하고 싶은 말을 하게 해 주세요. 자꾸 설명하거나 질문을 해서 끼어들지 마시고요. 교수님이 제 말을 끊으시면, 머릿속에 떠올랐던 생각들이 사라져 버리고 할 말이 없어져요."

프로이트는 환자가 원하는 대로 잠자코 귀 기울여 들었다. 환자는 횡설수설 이야기를 계속하다가 스스로 중요한 사실을 떠올리게 되었다. 이런 일들을 여러 번 경험한 뒤, 프로이트는 환자들이 편안한 상태로 머릿속에서 떠오르는 생각들을 이야기하는 것이 숨겨져 있는 감정이나 기억을 더 잘 드러나게 한다는 사실을 알게 되었다. 자신은 치료를 하는 것보다 길을 찾아주는 안내자 역할만 하면 되는 것이었다.

환자의 머릿속에서 꼬리에 꼬리를 물고 떠오르는 생각들을 따라가다 보면, 깊숙이 감춰져 있던 감정이나 경험이 모습을 드러냈다. 이러한 치료 방식을 프로이트는 '자유 연상법'이라고 불렀다. 프로이트는 환자들이 무슨 말을 해도 귀 기울여 들었고, 자신이 보고 들은 것을 매일 밤 빠짐없이 기록했다.

좋지 않은 경험이나 바람직하지 않아서 억눌러 둔 감정은 환자

들마다 달랐다. 프로이트는 서로 다른 여러 사례들을 연구하는 데 많은 시간을 쏟았다. 남편이 죽은 다음 쥐나 뱀 같은 헛것을 보는 중년 부인, 푸딩 타는 냄새에 괴로워하는 가정 교사, 갑자기 숨이 막혀 죽을 것 같은 두려움에 시달리던 식당 점원 아가씨, 아버지와 언니가 죽은 뒤 걷지 못하게 된 엘리자베스와 같은 사람들이었다.

프로이트는 그 사람들에게 공통점이 있음을 발견했다. 모두 사랑하는 사람이 갑자기 죽었거나, 신체적 또는 정신적으로 고통스러운 일을 당한 경험이 있었다. 그리고 그런 경험이나 감정 뒤에는 받아들여지지 않는 바람이나 소망이 숨겨져 있었다.

프로이트는 사람들이 견디기 힘든 괴로운 일을 겪으면 그 기억들을 억지로 잊으려 노력한다는 사실을 알았다. 기억을 떠올리면 따라 나오는 감정이나 소망도 떨쳐 버리려 애쓴다는 것도 알았다. 사회에서 받아들여지지 않거나 스스로 허락할 수 없는 감정이나 소망이기 때문이었다.

프로이트는 사람의 정신을 바다 위에 떠 있는 빙산으로 설명하곤 했다. 빙산은 물 위로 드러나 있는 부분보다 물 아래 잠겨 있는 부분이 훨씬 더 크다. 보통은 물 위로 드러나 있는 부분이 10분의 1 정도밖에 되지 않는다. 이렇게 물 위로 드러난 빙산처럼 사람의 마음에서 스스로 알아차릴 수 있는 부분을 '의식'이라고 한다. 그런데 프로이트는 대부분 물 아래 잠겨 있어서 보이지 않는 빙산처럼 사람이 자기 마음에 대해 잘 알지 못한다는 사실을 발견했다. 그런 부분을 프로이트는 '의식되지 않는 마음'이라는

의식은 무의식에 비하면 코딱지야. 그러므로 내 연구 분야는 무궁무진하지!
의식
무의식

고통스럽고 부끄러운 감정과
소망은 무의식 속에 숨겨진다.

의미에서 '무의식'이라고 불렀다.

너무 고통스럽고 무섭고 부끄러워서 견디기 힘든 감정이나 소망들은 물 아래로 밀려 내려간다. 그렇게 무의식 속에 숨겨진다. 하지만 무의식에 갇힌 감정이나 소망의 힘은 남아 있다. 그 힘은 매우 강해 기회만 있으면 무의식이라는 감옥에서 빠져나오려고 애를 쓴다. 마치 고무풍선의 한 부분을 누르면 누른 부분 대신 다른 부분이 튀어나오듯이, 억눌려진 감정과 소망은 사람의 몸으로 튀어나온다. 그래서 발작과 마비, 통증이라는 히스테리 증상이나 신경증으로 나타나게 된다.

프로이트는 히스테리에 대해 연구한 내용을 브로이어와 함께 책으로 엮어 냈다. 1895년에 출간된 『히스테리 연구』였다. 이 책에서 히스테리를 뇌와 같은 신경계의 장애로 보는 게 아니라 감정이나 기억의 장애 같은 마음의 문제로 보기 시작했다. 그것은 매우 새롭고 중요한 생각이었다. 그러나 『히스테리 연구』는 그다지 관심을 끌지 못했다.

그 무렵 과학자들은 참다운 지식은 감각할 수 있는 것 즉, 보고 듣고 냄새 맡고 만질 수 있으며 확인할 수 있는 것이어야 한다고 믿었다. 마음이나 기억, 감정 같은 증명할 수 없는 것들이 몸에 영향을 미친다는 것을 믿지 않았다. 또한 세상의 모든 일들에는 원인과 결과가 있으며, 규칙과 질서를 가지고 움직인다고 믿었다. 사람의 생각도 뇌가 이성으로 지식이나 경험을 다룬 결과라고 여겼다.

사람이 자기 생각을 완전히 알지 못하며, 또 그러한 무의식이 사람의 행동을 결정한다는 것, 그것이 신체적인 질병까지 일으킨다는 프로이트의 생각은 다른 의사들이나 과학자들로부터 터무니없는 생각이라는 비웃음을 받으며 무시당했다.

2장

영웅이 되고 싶은 소년

차별과 멸시를 받는 유대인

어느 따스한 봄날, 아직 어린 소년이었던 프로이트는 가족들과 함께 프라터 공원으로 소풍을 갔다. 프라터 공원은 새로 생긴 신기한 놀이 기구들로 유명한 곳이었다. 어머니가 어린 동생들을 돌보고 있는 동안, 프로이트는 아버지와 함께 대관람차, 바이킹, 유령 열차를 탔다.

하루 종일 신나게 놀다가 해가 뉘엿뉘엿 질 무렵, 프로이트의 가족들은 공원의 야외 식당에 모여서 저녁을 먹었다. 웃고 떠들면서 맛있는 음식을 먹고 있을 때였다. 떠돌이 시인 하나가 식당

안에 나타났다. 시인은 이 자리 저 자리를 기웃거리면서 동전 몇 개만 주면 시를 지어 주겠다고 말했다. 아버지가 프로이트에게 심부름을 시켰다.

"가서 저 사람을 불러 오너라. 어떤 시를 짓는지 한번 들어 보자."

프로이트가 달려가 시인의 옷자락을 잡아당겼다.

"저희 아버지가 오시래요. 저쪽 자리예요."

프로이트는 손가락으로 가족들이 앉아 있는 자리를 가리키고 나서 수줍은 듯 먼저 달려갔다. 시인은 곧 프로이트의 뒤를 따라 가족들 곁으로 왔다. 그러더니 시를 지을 생각은 하지도 않고 프로이트를 뚫어져라 바라보았다.

"훌륭한 아드님을 두셨군요. 언젠가는 대단한 사람이 될 겁니다. 장관이 될 수도 있어요!"

프로이트는 얼마 전 아버지가 집에 가져온 장관들의 사진을 떠올렸다. 아버지는 그 사람들 가운데 유대 인 장관이 있다는 사실을 자랑스러워해야 한다고 말했다. 프로이트는 떠돌이 시인의 말을 마음속 깊이 새겨 두었다.

'나는 자라서 어머니와 아버지가 자랑스럽게 여기는 사람이 될 거야.'

프로이트는 나이를 먹어 청년이 되고 어른이 될 때까지 언젠가는 성공해서 훌륭하고 대단한 사람이 되겠다는 어린 시절의 다짐을 한시도 잊지 않았다. 어머니와 아버지의 기대를 저버리지 않으려는 것도 있었지만, 프로이트가 그 당시 유럽에서 차별을 받고 살았던 유대 인으로 태어났기 때문이기도 했다.

유대 인은 먼 옛날 서남아시아의 이스라엘 땅에 살던 히브리 사람들을 부르는 다른 이름이었다. 그들이 나라를 잃고 전 세계를 떠돌아다니게 되면서 그들이 믿는 유대교라는 종교 때문에 그렇게 불리게 되었다.

유대 인은 다른 나라 땅에 살면서도 자기네 종교와 풍습을 굳게 지켰다. 결혼도 유대 인끼리 하는 경우가 많았고 집을 짓고 살 때도 한데 모여 살았다. 유대 인들은 스스로를 하느님이 선택한 민족이라고 생각했다. 그래서 그들이 흘러 들어가서 살게 된 땅에 원래 살던 사람들과 사이좋게 지내지 못했다. 또한 기독교를 믿는 유럽 사람들 대부분은 유대 인들을 예수를 죽인 사람들이라면서 싫어했다.

"내가 젊었을 때는 지금보다 훨씬 더 우리 유대 인들에게 심하게 대했어. 혼자 거리를 걸어 다니는 게 위험할 정도였지."

소년 프로이트는 아버지의 말에 귀를 기울였다.

"어느 날이었어. 토요일이라 나는 멋지게 옷을 차려입고 새로 산 털모자를 쓰고 산책을 하고 있었단다. 그때 거리 저쪽에서 기독교인 한 사람이 나를 보면서 똑바로 다가왔어. 그리고 갑자기 내 모자를 벗기더니 진흙탕 속에 던지면서 '유대 인이 감히 보도 위로 올라오다니! 당장 내려가지 못해?'라고 말했어."

프로이트는 아버지가 어떻게 용감하게 대응했는지 듣게 되기를 기대하면서 물었다.

"그래서 어떻게 하셨어요?"

아버지는 차분하게 대답했다.

"차도로 내려가 진흙탕 속에서 모자를 집어 들고 집으로 돌아갔지."

프로이트는 깜짝 놀랐다. 아버지의 말을 믿을 수 없었다.

"가만히 있었다고요?"

"그래, 어쩌겠니."

프로이트는 자신을 괴롭히는 사람과 맞서 싸우지 않은 아버지에게 실망했다. 아버지가 겁쟁이처럼 느껴졌고, 그것이 부끄러웠다. 여느 아이들처럼 프로이트도 아버지가 힘세고 강한 사람이기를 바랐다. 아버지에게 실망한 프로이트는 포기할 줄 모르고 적과 싸운 역사 속의 위대한 인물들을 아버지 대신 존경했고, 그들을 본받으려고 노력했다.

특히 카르타고의 영웅 한니발을 숭배했다. 몇 년 동안이나 포기할 줄 모르고 로마를 포위한 채 공격하고 또 공격했던 한니발처럼 되고 싶었다. 프로이트는 단지 유대 인이라는 이유로 멸시를 당하는 것이 분했다. 유대 인을 멸시하는 사람들보다 더 훌륭한 사람이 되어야 한다는 다짐을 하곤 했다. 프로이트는 끈질긴 유대 인 소년인 자기 자신을 한니발로 여겼고, 로마 인들을 유럽의 기독교인들이라고 생각했다.

프로이트는 자신을 성경 속의 요셉이나 모세 같은 인물들과 비교할 때도 있었다. 모두들 역사적 사명을 띤 채 강한 적과 마주 싸워야 하는 괴로운 운명을 이겨 낸 사람들이었다.

의학을 공부하기로 결심하다

프로이트는 열심히 공부해서 아홉 살에 김나지움에 들어갈 자격을 얻었다. 김나지움은 우리나라의 중학교와 고등학교가 합쳐진 학교였다. 프로이트는 책을 많이 읽었으며, 특히 그리스와 로마의 고전을 좋아했다. 종교, 물리학, 수학, 역사와 지리학에서도 좋은 점수를 받았다. 김나지움에 다니는 7년 동안 1등을 놓친 적이 없었다.

총명한 데다 열심히 노력하는 프로이트에게 부모는 큰 기대를 걸었다. 가난한 형편에도 어머니는 프로이트의 책값을 아끼지 않았으며, 식구가 많고 집이 좁았음에도 프로이트에게는 혼자 방을 쓸 수 있도록 배려했다.

졸업을 할 무렵 프로이트는 어느 대학에 진학해야 할지 고민했다. 하고 싶은 일이 많았기 때문이다. 처음에는 대학에서 법학을 공부해 법관이 되겠다는 희망을 갖기도 했다. 떠돌이 시인의 예언처럼 장관이나 정치가가 될 생각도 있었다. 유대 인은 선택할 수 있는 직업이 몇 가지밖에 되지 않았다. 의사나 법관, 혹은 장사를 하는 상인이 되는 수밖에 없었다.

그 무렵 다윈의 『종의 기원』이 유럽을 뒤흔들고 있었다. 영국의 생물학자 다윈이 배를 타고 세계 일주를 하면서 동물과 식물을 관찰하고 연구한 결과를 써낸 책이었다. 다윈은 다양한 동물과 식물들이 같은 조상에서 갈라져 나와 다른 형태로 진화했음을 발견했다.

다윈은 인간도 지구에서 살아가는 동물들 가운데 하나이며, 인간의 조상과 동물들의 조상은 같다고 주장했다. 그의 주장은 인

프로이트는 인간도 동물의 하나여서
과학적 연구 대상이 될 수 있다고 생각했다.

간이 하느님이나 신이 창조한 특별한 존재가 아니라는 의미이기도 했다. 이러한 생각은 생물학을 비롯한 모든 학문에 커다란 관심을 불러일으켰다. 기독교인들은 하느님의 모습대로 인간이 창조되었다고 믿고 있었으므로, 다윈을 터무니없는 거짓말쟁이라고 비난했다. 하지만 프로이트는 달랐다.

프로이트는 신이 있다는 것을 믿지 않았으므로 하느님이 인간을 창조했다는 말도 사실이 아니라고 생각했다. 유대 인이기는 했으나 집에서 특별히 유대교 종교 의식을 행하지 않았고 종교에 관심이 별로 없던 아버지의 영향도 있었다.

프로이트는 눈에 보이지 않는 신을 믿고 의지하는 것은 두려움에서 비롯된 어리석은 일이며, 자연과 세계에 대해 잘 알지 못하기 때문이라는 생각을 갖고 있었다. 그는 사람들의 헛된 믿음이나 어리석음은 밤의 어둠과 같은 것이고, 과학은 그러한 무지몽매함을 환하게 밝혀 주는 빛과 같다고 믿었다. 그런 의미에서 다윈이야말로 어둠 속에 잠겨 있던 세상을 과학이라는 빛으로 환하게 밝힌 사람이라 여겼고, 스스로 그런 사람이 되고자 했다.

프로이트는 무엇이든 알고 싶어 하는 사람이었다. 인간과 자연, 세계에 대해 탐구하고자 하는 마음이 강했다. 눈으로 볼 수 있고 손으로 만질 수 있는 것과 같은 감각적인 경험을 바탕으로 하는 과학이야말로, 세계를 알고 이해하는 훌륭한 방법이라고 생각했다.

김나지움을 졸업하기 전 프로이트는 어느 유명한 과학자의 강연을 들었다. 그 자리에서 과학자는 독일의 위대한 시인이자 소설가인 괴테의 〈자연〉이라는 글을 읽었다. 자연은 훌륭한 어머니로서 자신이 사랑하는 아이들에게만 비밀을 알려 준다는 내용이었다. 프로이트는 그 글에 큰 감동을 받고 친구에게 다음과 같이 편지를 썼다.

"자연 과학자가 되기로 결심했어. 자연에 대한 지식을 익히고, 자연이 끝없이 변화하는 비밀에 귀 기울이고, 내가 발견한 것을 사람들과 나누고 싶어."

처음 대학에 입학해서 프로이트는 철학과 생물학을 공부했다. 그러면서 프로이트는 자신이 정말로 알고 싶은 것은 동물이나 식물이 아니라 인간이라는 사실을 깨달았다. 프로이트는 인간의 정신과 생각, 감정과 내면세계, 인간관계나 삶 속에서 벌어지는 여러 문제들에 흥미를 느꼈다. 인간의 정신과 문화에 대해 연구하고 싶었다. 그러나 철학은 프로이트의 과학적 호기심을 만족시켜 주지 못했다. 철학은 눈에 보이거나 만질 수 있는 것을 연구하는 학문이 아니었다. 자연 과학과는 달리 공부를 하다 보면 시간을 헛되이 보내는 기분이 들었다.

다윈의 책을 읽은 뒤, 프로이트는 인간도 하나의 동물이므로 과학적 연구의 대상이 될 수 있다고 생각했다. 오랜 고민 끝에 프로이트는 인간에 대해 과학적으로 연구하는 학문인 의학을 공부하기로 결심했다. 의사가 되어 돈을 벌고 유명해지고 싶었다. 또한 사람들의 병을 고치고 고통을 덜어 주는 실제적인 일을 하고 싶은 마음도 있었다.

그 무렵 프로이트가 다녔던 빈 대학의 교수들 가운데는 뛰어난 과학자들이 많았다. 프로이트는 이러한 스승들 밑에서 끈기 있게 정확한 관찰을 하는 과학적 훈련을 받았다. 이것은 나중에 프로이트가 환자들의 이야기에 귀를 기울여 집중하는 데 도움이 되었다. 이런 면에서 프로이트가 가장 영향을 많이 받은 사람은 생리학자이자 심리학자이기도 한 에른스트 브뤼케 교수였다.

"지금이 도대체 몇 시지? 그렇게 게으름을 부리려면 아예 여기 나오지 말게!"

브뤼케는 눈을 크게 부릅뜨면서 프로이트에게 호통을 쳤다. 프로이트는 쥐구멍이라도 있으면 숨어 버리고 싶었다.

"죄송합니다. 앞으로 지각하는 일은 절대로 없을 것입니다."

브뤼케는 학생들의 실험을 감독해야 할 프로이트가 여러 번 지각했다는 사실을 알고 있었다. 그래서 어느 날 실험실 문을 여는 시간에 맞춰서 프로이트를 기다리고 있었다. 먼 훗날 프로이트는 그때 일을 이렇게 기억했다.

"브뤼케 교수는 딱 할 말만 했다. 그러나 중요한 것은 말이 아니었다. 나는 그 무시무시한 파란 눈 앞에서 기가 죽었다. 그 앞에서 나는 사라져 버렸다."

브뤼케의 연구실에서 프로이트는 6년 동안 공부했다. 브뤼케는 가재나 물고기 같은 단순한 구조를 가진 생물의 신경계를 연구했다. 그런 생물과 인간의 신경계가 비슷한 구조를 가지고 있는지 비교했다. 만약 두 신경계 사이에 비슷한 점이 있다면 다윈의 진화론이 옳다는 증거가 될 수 있었다.

프로이트는 브뤼케를 도와서 물고기의 신경계를 연구했다. 뱀장어를 4백 마리나 해부했고, 물고기의 뇌세포를 관찰했다. 실험을 거듭하면서 그는 다윈의 이론이 옳다는 것을 증명하는 연구에 참여할 수 있어서 자랑스러웠다.

또한 브뤼케에게서 과학적인 연구 방법을 익혔다. 같은 실험이라면 몇 번을 되풀이해도 같은 결과가 나와야 믿을 수 있는 과학적 자료가 된다는 사실을 배웠다. 브뤼케는 신비주의나 초자연적인 힘을 믿지 않았다. 실증주의자였던 브뤼케는 모든 생명 현상에는 원인이 있으며, 숨을 쉬는 생명체는 물리적, 화학적 힘들로 움직인다고 믿었다. 그리고 그런 힘들을 객관적인 방법, 즉 수학이나 검증 가능한 방법으로 설명할 수 있다고 가르쳤다.

나중에 프로이트가 자신의 심리학을 설명하기 위해 사용했던 '충동', '에너지', '힘' 같은 과학 용어들은 이 무렵 브뤼케에게서 배운 것들이었다.

브뤼케는 자신이 맡긴 연구들을 훌륭하게 해낸 프로이트를 흡족하게 여겼다. 프로이트는 브뤼케를 아버지처럼 따르고 존경했다. 그래서 나중에 자신의 셋째 아들에게 에른스트라는 이름을 붙이기도 했다. 프로이트가 히스테리 연구를 함께 했던 브로이어를 알게 된 것도 브뤼케를 통해서였다.

정신병을 고치려고 전기 충격을 준다고?

브뤼케의 생리학 실험실을 떠난 뒤 프로이트는 빈 종합 병원에서 3년 동안 일했다. 오늘날의 수련의 과정이었다. 외과, 안과, 신경과 등 여러 전문의 밑에서 배우면서 많은 경험을 쌓았다. 그러나 프로이트는 수술실에서 피를 보거나 다른 사람들이 고통스러워하는 것을 지켜보기가 힘들었다. 그는 병원에서 환자를 돌보는 것보다 연구실에서 물고기의 신경계를 연구하는 게 더 흥미로웠다.

의학 분야에서 프로이트의 관심을 끈 것은 신경학이었다. 에른스트 밑에서 신경계를 연구했기 때문에 인간의 뇌와 신경에 흥미를 느꼈다. 정신과 마음에 병이 있는 환자들의 신경계를 과학적으로 탐구할 필요가 있다고 생각했다.

프로이트는 빈 종합 병원에서 정신과를 맡고 있던 테오도어 마이네르트 박사 밑에서 6개월 동안 일했다. 마이네르트는 정신 질환의 원인이 뇌에 있다고 믿었다. 뇌를 해부하고 연구해서 치료법을 찾고자 했다. 프로이트 역시 뇌를 해부하는 방법을 배웠다.

당시에는 정신적으로 문제가 있는 사람들을 치료하는 방법이 거의 없었다. 감옥과 같은 병실에 몇 년이고 가둬 둘 뿐이었다. 의사들 대부분은 환자들의 말을 무시했다. 환자들의 말에 귀를 기울이면 터무니없는 망상이 더 심해진다고 믿었기 때문이다.

의사들은 환자들에게 충격을 주는 게 도움이 된다고 생각했다. 그래서 뱀장어가 든 욕조 속에 집어넣거나, 손등에 뜨거운 촛농을 떨어뜨리거나, 전기 충격을 주었다. 그 가운데 전기 충격만이 효과가 있었다. 하지만 그 시대에는 전기에 대해 잘 알지 못했다. 환자들은 전기 충격을 받다가 화상을 입거나 기억을 완전히 잃어버리기도 했다. 때로는 죽는 사람도 있었다.

프로이트는 신경증이나 히스테리 같은 정신 질환의 원인을 정확히 밝혀내면 그것을 치료할 방법을 알 수 있을 것이라고 생각했다. 당시에는 정신 질환을 악마의 저주라고 믿을 정도로 고칠 수 없는 병으로 여겼다.

'뇌의 신비를 밝히고 그 수수께끼를 푼다면 다윈 같은 영웅이 되지 않을까?'

어려서는 로마를 정복한 한니발 장군처럼 되고 싶었던 프로이트는 이제 생명의 수수께끼를 푼 다윈 같은 영웅이 되고 싶었다. 프로이트는 인간의 뇌와 신경계를 과학적으로 연구하면 정신 질환의 원인을 찾을 수 있을 것이라고 생각했다.

실제로 프로이트가 1890년대 중반에 준비하던 과학적 심리학에 대한 원고는 신경 세포와 신경 섬유의 역할에 대해 구체적 내

인간의 뇌와 신경계를 연구하면
정신 질환의 원인을 찾을 수 있을 것이다.

용을 담으려는 것이었다. 그러나 당시에는 뇌에 대한 연구가 거의 이루어져 있지 않았다. 뇌와 신경계를 이루는 기본 단위가 뉴런이라는 것 정도만 알려져 있었다. 따라서 프로이트가 하고자 하는 연구는 긴 시간과 노력이 필요했다.

프로이트는 마음이 급했다. 약혼녀 마르타와 결혼하기 위해 빨리 성공해서 돈을 벌어야 했다. 마르타의 어머니는 프로이트가 의사로 성공해서 자리를 잡아야 딸과의 결혼을 승낙하겠다고 말했다. 가난한 유대 인 청년 프로이트는 우물쭈물하다가 마르타를 놓칠 것 같아 초조했다. 5년의 약혼 기간 동안 그는 명예와 성공을 거머쥘 수 있는 방법이 무엇인지 끊임없이 고민해야 했다.

이 무렵 프로이트는 코카인에 관심을 갖게 되었다. 코카인은 당시에 거의 알려져 있지 않은 약물이었다. 독일의 어느 군의관이 군인들에게 그 약물을 먹이면 쉽게 피곤해하지 않아서 오랫동안 훈련을 할 수 있다는 사실을 알게 되었다. 프로이트는 그 사실에 흥미를 느껴 직접 코카인을 먹어 보면서 연구를 했다. 뿐만 아니라 약혼녀에게 권하기도 했다.

"신비의 약을 발견한 것 같아요. 코카인이라는 약인데 저는 요즘 이 약에 대한 논문을 쓰고 있어요. 논문이 발표되면 저는 유명해질지도 모릅니다. 이 약은 거의 만병통치거든요. 먹으면 우울한 기분이 사라지면서 행복한 느낌이 듭니다. 사람들이 많이 모이는 곳에서도 긴장하지 않고 편안하게 있을 수 있어요. 통증이 사라지는 효과도 있습니다. 코카인 0.5그램을 동봉합니다. 다섯 번에서 여덟 번에 나눠 먹으면 됩니다. 기분이 언짢을 때 먹어 보세요."

프로이트는 코카인이 정신 질환을 쉽게 치료할 수 있는 약물일지도 모른다는 생각을 했다. 그렇다면 굳이 인간의 신경계나 뇌에 대해 오랜 시간에 걸쳐서 연구할 필요가 없었고, 쉽게 돈과 명성을 얻을 수 있을 거라고 믿었다. 그러나 얼마 안 있어 코카인에는 감각을 마비시키는 성질과 생명에 위협을 줄 만한 중독성이 있음이 밝혀졌다. 실제로 프로이트의 가까운 친구 하나가 모르핀 중독에서 벗어나려 코카인을 복용하다가 목숨을 잃었다.

그 사건으로 프로이트는 오랫동안 괴로워했고, 코카인 연구에서 손을 뗐다. 브로이어와 샤르코를 만난 뒤, 히스테리 연구로 완전히 방향을 돌렸다.

미미미… 미안하네. 친구!
이이…이렇게 될 줄은
저저저…정말 몰랐네.
DRUGS
KILL

사람도 동물처럼 생물학적 본능으로
움직인다는 생각에서 '무의식'이 태어났다.

먼 훗날 정신 분석을 완성한 뒤에도 프로이트는 뇌에서의 화학적 불균형이 정신 질환을 일으키는 것이라는 생각을 버리지 않았다. 언젠가 의학과 생물학이 더 발달하면, 정신 분석가도 환자를 치료하기 위해 특정한 약품을 쓰게 될 것이라고 생각했다. 코카인은 치료를 위한 약이 아니라 중독을 일으키는 위험한 물질이었지만, 뇌의 화학 물질을 조절하는 것으로 정신 질환을 치료할 수 있을 것이라는 예측은 옳았다.

또한 프로이트는 뇌에 대해 더 많이 알게 될수록 자신의 이론에 대한 자연 과학적 증거들이 발견될 것이라고 주장했다. 실제로 20세기 중반에 이르러서는 정신 분열증이나 우울증을 치료할 수 있는 약물이 발견되었다. 프로이트는 정신 분석이라는 방향으로 갈 수밖에 없었지만, 인간의 정신을 과학의 빛으로 들여다볼 수 있도록 문을 열어 주었다.

프로이트는 자신이 신앙심 깊은 유대 인이거나 기독교인이 아니었기 때문에 정신 분석을 할 수 있었다고 말했다. 신을 믿지 않기 때문에 사람과 동물이 같은 조상에서 진화했다는 다윈의 학설을 쉽게 받아들였다. 사람 또한 동물과 마찬가지로 생물학적 본능에 의해 움직인다는 생각에서부터 무의식이라는 개념이 태어났고, 성적인 동기가 사람의 행동에 중요한 영향을 미친다는 주장을 하게 된 것이다.

또한 프로이트는 유대 인으로 태어나 늘 차별받고 외면당하는 입장이었기 때문에 많은 사람들이 진실이라고 믿는 것을 의심해 볼 수 있었다. 프로이트는 자신의 몸속에 동양의 사막과 지중해 언저리를 떠돌던 조상들의 기질이 숨어 있다고 생각했다. 그것은 새로운 것에 도전하고, 가짜의 껍질을 벗겨 내고, 강한 적과 싸워 이겨야 하는 괴로운 운명을 기꺼이 받아들이는 기질이었다.

3장

꿈은 소원 성취다!
『꿈의 해석』

무의식을 일깨운 아버지의 죽음

『히스테리 연구』를 펴낸 뒤, 프로이트는 히스테리에 대한 강연을 들으러 왔던 이비인후과 의사 빌헬름 플리스와 가까워졌다. 이후로 17년 동안 두 사람은 가장 친밀한 친구로 지냈다.

플리스는 모두들 프로이트를 조롱하고 비난할 때 열린 마음으로 프로이트의 이론에 귀를 기울였다. 억눌린 소망이나 숨겨진 욕구가 히스테리와 관련이 있다는 프로이트의 주장을 적극 지지했다. 또한 사람의 마음에 대한 예리한 관찰을 통해 새로운 이론을 내놓기 시작한 프로이트를 격려하면서 생각을 더욱 가다듬도록 자극했다.

1896년 10월 프로이트의 아버지 야콥 프로이트가 세상을 떠났다. 마흔다섯 살이던 프로이트는 처음에는 자상했던 아버지의 죽음을 슬퍼했고, 흔들림 없이 고요하게 죽음을 맞이한 아버지를 자랑스러운 마음으로 기억했다.

그러나 시간이 흐를수록 아버지에 대한 복잡한 감정이 나타나기 시작했다. 아버지의 죽음이 자신의 잘못인 것 같은 알 수 없는 괴로움에 시달렸다. 위로의 편지를 보낸 친구들에게 답장을 쓰기도 힘들 지경이었다. 프로이트는 플리스에게 아버지의 죽음이 자기 마음속 가장 깊은 곳에 있던 것들을 흔들고 있다고 편지에 썼다.

"의식의 뒤편 어두운 길 어딘가에서 아버지의 죽음이 나를 붙들고 놓아주질 않는다네. 지금 나는 완전히 뿌리가 뽑힌 느낌일세."

아버지의 죽음은 고요한 물웅덩이에 던져진 돌 같은 것이었다. 프로이트는 자기에게도 무의식 속에 가둬 둔 은밀한 감정과 소망이 있음을 알았다. 그는 오랜 세월 동안 잔잔한 물과 같았던 자신의 무의식을 파고들기 시작했다. 이것은 학자로서의 탐구심에서 비롯된 것이기도 했다.

그때까지 프로이트가 주장한 히스테리에 대한 이론들은 주로

아버지의 죽음 이후 프로이트는
자신의 무의식을 파고들기 시작해서,
매일 자기 분석을 했다.

여자 환자들을 치료한 경험에서 얻어진 것이었다. 프로이트는 정신 분석이 누구에게나 적용될 수 있는 치료법이 되려면 남자나 환자가 아닌 보통 사람들의 마음을 들여다보고 분석해 볼 필요가 있다고 생각했다. 그래서 자기 자신을 분석 대상으로 삼은 것이었다.

아직 프로이트 말고 다른 정신 분석가는 없었으므로 자신을 분석하려면 직접 하는 수밖에 없었다. 프로이트의 자기 분석은 1897년 늦봄부터 삼 년여 동안 매일 이루어졌다.

프로이트는 떠오르는 생각을 자유롭게 따라가면서 자기 분석을 했다. 생각을 말하면서 동시에 그 말에 귀 기울이는 사람의 역할을 하는 것은 매우 어려운 일이었다. 조각조각 흩어져 있는 어린 시절의 기억들을 되살리는 데 시간과 노력이 많이 필요했고, 막상 되살아난 기억과 마주하는 것도 괴로운 일이었다.

어머니보다 스무 살이나 나이가 많은 아버지를 부끄러워했던 기억, 젊고 아름다운 어머니를 독차지하고 싶은 마음에 어린 동생이나 아버지가 이 세상에 없었으면 좋겠다고 생각했던 기억을 받아들여야 했다.

더욱이 어린 동생이 병으로 죽고 난 뒤에는 그것이 자신의 잘못처럼 여겨 죄책감을 무의식 속에 억눌러 두었던 것을 발견하기도 했다. 이런 것들은 스스로 받아들이기 힘들어서 억눌러 왔던 소망과 감정들이었다.

오랫동안 숨겨져 있던 기억들은 쉽게 다시 떠오르지 않았다. 우연히 떠오른 기억, 말을 할 때나 글을 쓸 때 저질렀던 실수, 외우고 있던 시의 구절이나 환자의 이름을 갑자기 잊어버리는 것 등이 실마리가 되었다.

그러나 무엇보다도 중요한 단서가 된 것은 꿈이었다. 많은 환자들과 대화를 나누면서 프로이트는 꿈이 무의식에 접근하기에 가장 좋은 방법임을 알게 되었다. 환자들은 최면이나 강압적 질문보다 지난밤에 꾸었던 꿈에 대한 대화를 시작할 때 더 쉽게 자기 이야기를 털어놓았다. 프로이트 자신도 꿈을 많이 꾸는 편이었다. 자기 분석을 하면서 그는 기억을 되살려 어린 시절부터 꾸었던 꿈들을 자세하게 기록했다.

'이르마의 꿈'으로 꿈의 비밀을 풀다

어느 날 프로이트는 이르마라는 여자 환자가 나오는 꿈을 꾸었다. 이 꿈을 꾸고 나서 프로이트는 꿈에 대한 중요한 사실을 깨달았다. 꿈은 숨겨져 있는 소망을 드러내며, 그것을 이루어 주는 역할을 한다는 것이었다.

꿈속에서 프로이트는 아내의 생일 파티를 열어 손님들을 맞이한다. 손님들 가운데는 언젠가 프로이트가 히스테리를 치료하던 이르마라는 이름의 아가씨가 있었다. 프로이트는 그녀를 알아보고 여전히 통증이 있는지 물어본다.

"아직도 아픈 데가 있으면 그건 네 잘못이야. 나에게 계속 치료받지 않기로 결정한 것은 너니까."

"저는 아직도 아파요. 목과 배가 꽉 막힌 것처럼 아프고, 메스껍고 토할 것 같아요."

그 말을 듣고 프로이트는 깜짝 놀랐다.

'이르마에게 정말로 신체적 이상이 있는데 내가 그것을 알아차리지 못한 것일까?'

걱정스러운 마음에 프로이트는 이르마를 창가로 데려가서 목 안을 살펴보려고 한다. 이르마는 입을 벌리지 않으려 고집을 부리다가 마침내 입을 크게 벌린다. 입안에는 하얀 반점들과 회색 딱지들이 가득하다.

이어지는 꿈에서는 프로이트의 의사 친구들이 모두 나온다. 프로이트의 자녀들을 돌보는 소아과 의사 오토와 히스테리에 대한 책을 함께 썼던 브로이어, 가장 친한 친구인 플리스의 모습도 보였다. 프로이트는 친구인 오토가 이르마에게 주사를 놓는 것을 보면서 그가 주사기를 소독하지 않았을지도 모른다는 걱정을 하면서 꿈에서 깼다.

실제로 꿈을 꾸기 전날, 친구 오토가 프로이트를 방문했다. 오토는 이르마와 그녀의 가족들이 머물고 있는 시골에 다녀오는 길이었다. 프로이트는 한때 자신의 환자였던 이르마가 어떻게 지내고 있는지 물었다. 그러자 오토는 이르마의 상태가 썩 좋지는 않다고 말했다. 프로이트는 오토가 그렇게 말하는 것이 불쾌했다. 환자가 여전히 아픈 것이 프로이트의 탓이라고 말하는 것처럼 들렸기 때문이다.

프로이트는 오토가 이르마의 가족들에게 영향을 받았다고 생각했다. 이르마의 어머니는 예전부터 프로이트를 못마땅해했기 때문이다. 프로이트는 자신의 치료에 대해 변명을 할 생각으로 잠자기 전에 이르마의 병력을 기록해 두었다. 그리고 그날 새벽

오토! 자네의 실수야.
이르마가 아픈 것은
내 잘못이 아니야!!

에 이르마의 꿈을 꾸었다.

꿈에서 깨자마자 프로이트는 꿈의 내용을 자세하게 적어 두었다. 그리고 그 속에 숨어 있는 의미를 곰곰이 생각해 보았다. 꿈은 분명히 전날 저녁과 관련된 것이었다. 오토가 이르마의 소식을 전해 준 것과 그것 때문에 이르마의 병력을 다시 기록한 것이 꿈을 꾼 동기인 것이 틀림없었다.

프로이트는 꿈의 내용을 여러 번 떠올려 보았다. 그러다가 자기가 왜 그런 꿈을 꾸었는지 깨달았다. 꿈은 이르마가 여전히 아픈 것이 프로이트의 책임이 아니라 오토의 탓이라는 의미였다. 오토는 이르마가 여전히 아프다는 말을 해서 프로이트를 화나게 만들었다. 그래서 프로이트는 이르마가 아픈 건 오토가 소독되지 않은 주사기를 사용했기 때문이라는 내용의 꿈을 꾸었다. 꿈속에서 이르마를 아프게 한 게 프로이트가 아니라 오토가 분명하다는 장면이 나왔다. 그렇게 해서 꿈은 오토가 프로이트를 비난한 것에 대해 앙갚음을 한 것이다.

이르마의 꿈을 꾸게 된 뒤 프로이트는 꿈의 비밀을 풀 수 있는 열쇠를 얻었다고 생각했다. 꿈은 억눌린 소망을 이루기 위해 꾸는 것이며, 꿈에는 의미가 담겨 있다는 깨달음이었다. 이 꿈을 꾼 것을 계기로 프로이트는『꿈의 해석』을 쓰기 시작했다.

책을 쓰면서 프로이트는 플리스와 많은 편지를 주고받았다. 한 단락을 끝마칠 때마다 플리스에게 편지를 보내 의견을 물었다. 누군가 자신을 이해하고 격려해 주기를 바랐던 프로이트에게 플리스는 좋은 친구였다. 아내 마르타는 남편과 가족을 잘 보살피는 현명한 주부였지만, 프로이트가 파고드는 심리학의 세계를 이해할 수는 없었다. 그 무렵 프로이트를 정신적으로 문제가 있는 사람으로 취급하던 학자들과 의사들 사이에서 프로이트를 진정으로 이해하고 지지하는 사람은 플리스뿐이었다.

프로이트가 이르마의 꿈을 꾼 것은 가족들이 휴양지로 사용했던 빈 근교의 별장에서였다. 몇 년 뒤 프로이트는 플리스에게 보낸 편지에 이렇게 썼다.

"언젠가 이 집에서 사람들이 대리석 판에 다음과 같은 글귀가 새겨져 있는 것을 읽게 되리라고 생각하지 않나? 1895년 7월 24일 이곳에서 지크문트 프로이트 박사가 꿈의 비밀을 드러내다."

꿈은 억눌린 소망을 이루어 주는 것

마침내 1900년에 『꿈의 해석』이 출간되었다. 프로이트는 자기 분석을 하면서 얻은 통찰로 이 책을 썼다. 실제로 『꿈의 해석』에 나오는 200여 개의 꿈 사례들 가운데 40여 개의 꿈이 프로이트 자신의 꿈이었다.

프로이트가 살던 시대 사람들은 꿈을 대수롭지 않게 여겼다. 잠들기 전에 음식을 많이 먹어서 소화가 잘되지 않을 때 꿈을 꾸는 것이라고 생각했다. 그보다 먼 옛날 사람들은 꿈이 미래에 일어날 일을 미리 알려 주거나, 병이 낫는 법 같은 지혜를 일러 준다고 생각하기도 했다. 꿈을 해석하고 연구할 수 있다는 생각 자체가 매우 새로운 것이었다. 프로이트는 『꿈의 해석』 머리말에 이렇게 썼다.

"나는 꿈을 해석할 수 있는 방법이 존재하며 모든 꿈은 깨어 있는 동안의 정신 활동과 연관되어 있음을 증명하려 한다."

『꿈의 해석』은 모두 일곱 장으로 나뉘어져 있으며, 첫 번째 장에서 프로이트는 책과 자료들을 인용하면서 이전까지 심리학자들이 꿈을 연구한 결과를 꼼꼼하게 보여 주고 있다.

보통 사람들은 꿈속에서는 하늘을 날 수 있거나 높은 빌딩에서 떨어져도 다치지 않기 때문에 꿈은 현실과 동떨어진 것이라고 생각하기 쉽다. 하지만 심리학자들의 연구에 의하면 꿈은 낮의 일상과 밀접하게 관련이 되어 있다. 중요한 시험 전날 밤에 지각을

모든 꿈은 깨어 있는 동안의
정신 활동과 연관되어 있다.

하는 꿈을 꾸거나 잠자기 직전에 했던 생각이 꿈에 나타나는 것을 보면 알 수 있듯이 꿈의 재료는 꿈꾸는 사람이 경험했던 일들이다.

물론 예전 경험이 변형되어 나타나거나 너무 오래전 일이라 기억이 나지 않을 수 있다. 프로이트는 자기 꿈을 예로 들어 그것을 설명했다. 『꿈의 해석』을 쓰기 몇 년 전부터 프로이트의 꿈에는 어떤 교회의 탑이 계속 나타났다. 그가 한 번도 본 적이 없는 탑이었다. 그러다가 어느 소도시에 기차를 타고 지나갈 일이 있었는데, 그곳에서 꿈에 나타나는 교회 탑이 서 있는 것을 보았다. 프로이트의 꿈속에 그 탑이 나타나기 몇 년 전에도 우연히 그곳을 지나간 적이 있었다. 그때 교회 탑을 보았던 기억이 무의식 속에 저장되어 있다가 꿈에 나타난 것이다.

꿈은 오래전에 일어났던 일들을 그대로 되살리기도 한다. 특히 어린 시절에 경험했던 인상 깊은 일들이 무의식 속에 새겨져 있다가 꿈에 나타나는 일이 많다.

두 번째 장부터는 프로이트의 가족이나 환자 같은 여러 사람들이 실제로 꾼 꿈들을 예로 들면서 꿈에 대해 설명하고 있다. 프로이트의 설명에 의하면, 무엇보다도 꿈을 꾸는 목적은 허용되지 못하고 억눌린 소망을 이루어 주는 것이라고 한다. 잠자는 시간 동안에는 낮 동안 무의식을 지켜보고 감시하던 의식이 조금 느슨해진다. 그 틈을 타서 무의식 속에 억눌려 있던 소망이 모습을 드러낸다.

예를 들어 프로이트의 환자 가운데에는 전염병에 걸린 자녀를 돌보느라 집 밖으로 나오지 못하던 젊은 어머니가 있었다. 그녀는 오랫동안 사람들과 어울릴 기회가 없었는데, 어느 날 매우 유명한 작가들과 흥미로운 대화를 나누는 꿈을 꾸었다. 사람들과 이야기를 나누며 즐거운 시간을 보내기를 바랐던 소망이 꿈속에서 이루어진 것이다.

프로이트의 딸 안나의 꿈도 마찬가지였다. 안나가 두 살 무렵에, 배탈이 나서 아침 먹은 것을 다 토했다. 그 때문에 잠자리에 들 때까지 하루 종일 아무것도 먹지 못했던 적이 있었다. 그날 밤 프로이트는 어린 딸이 정확하지 않은 발음으로 잠꼬대를 하며 소리치는 것을 들었다.

"안나 프로이트, 딸기, 산딸기, 오믈렛, 푸딩."

그 음식들은 모두 안나가 좋아하는 것이었다. 하루 종일 굶었기 때문에 안나는 먹고 싶은 음식들의 꿈을 꾼 것이 틀림없었다. 특히 두 가지 종류의 딸기 이름을 말한 것으로 보았을 때 딸기를 매우 먹고 싶어 했던 것 같다. 더욱이 그날 아침 보모는 안나에게 딸기를 너무 많이 먹어서 배탈이 났다고 말했다.

프로이트는 안나가 아마도 자기가 좋아하는 딸기를 먹지 못하게 한 보모에게 화가 나서 그런 꿈을 꾼 것 같다는 판단을 내렸다. 그러니까 안나는 딸기를 먹고 싶은 소망과 동시에 보모에게 항의를 하고 싶은 소망을 이루고자 꿈을 꾼 것이다.

그러나 이렇게 순수하게 소망을 이루고자 하는 꿈은 대부분 어린아이들의 꿈이며, 어른들의 꿈은 금지된 소망이 가면을 쓰거나 위장을 하고 다른 형태로 바뀌어 나타난다고 했다. 꿈에서도 일상생활에서 지켜야 할 예의나 도덕의 간섭이 느슨해질 뿐이지, 완전히 사라지지는 않기 때문이다.

따라서 꿈에 나타난 일들을 있는 그대로 받아들여서는 안 된다. 의식의 감시를 피하려고 마치 연극을 하듯 변형되어 나타나기 때문이다. 이런 것을 '꿈의 왜곡'이라고 부른다.

또한 프로이트는 꿈에 나타나는 사람이나 사물, 사건은 현실에서 지니고 있는 원래의 의미와 다른 의미를 가진다고 했다. 그래

안나 프로이트, 딸기, 산딸기, 오믈렛, 푸딩.
꿈은 억눌린 소망을 이뤄 주는 것!

서 암호를 푸는 것처럼 그 의미를 해석해야 한다고 주장했다.

프로이트는 안데르센의 동화 〈벌거벗은 임금님〉을 예로 들어 꿈이 어떻게 현실을 변형하는지 설명했다. 사람들은 흔히 벌거벗고 돌아다니는 꿈을 꾼다. 때로는 꿈에서 속옷만 입거나 셔츠만 걸친 흐트러진 옷차림으로 거리를 걸어 다니기도 한다. 꿈을 꾸고 있는 사람은 당황하거나 부끄러워하지만, 꿈속에 등장하는 다른 사람들은 그 사실을 알아차리지 못한다. 또는 아무렇지도 않게 생각한다. 프로이트는 그 상황이 동화 속에 나오는 임금님과 비슷하다고 설명했다.

동화 속에서 두 사기꾼에게 속은 임금님은 벌거벗고 거리를 행진한다. 백성들이 그 모습을 지켜보고 있다. 그러나 누구도 임금님이 벌거벗고 있다고 말하지 않는다. 프로이트는 모든 사람들에게 어린아이처럼 자유롭게 옷을 벗고 다니고 싶은 숨겨진 바람이 있다고 보았다. 천국이나 낙원에서는 사람들이 벌거벗고 다닐 것이라는 상상도 그런 소망이 드러난 것이라고 했다. 프로이트는 꿈을 설명하면서 이렇게 썼다.

"사기꾼은 꿈이다. 꿈꾸는 사람은 임금님 자신이다."

꿈은 사람들이 어린아이처럼 벌거벗고 돌아다니고 싶은 소망을 이루어 준다. 그렇게 하기 위해서 꿈속에서는 다른 사람들이

자기가 벌거벗은 것을 눈치채지 못하도록 한다.

프로이트는 남편이 푸줏간 주인인 어느 여자 환자의 꿈을 분석하면서 남들에게 비난받을 것 같은 비밀스런 소망을 꿈이 어떻게 위장하는지 보여 주었다.

"꿈속에서 손님들을 초대해서 저녁 식사 모임을 가질 계획이었어요. 그런데 집에 훈제 연어가 조금 있을 뿐, 준비된 음식이 전혀 없더라고요. 그래서 시장을 보러 가려고 하는데, 마침 일요일 오후라 가게 문이 모두 닫혔을 거라는 생각이 떠올랐어요. 할 수 없이 물건을 배달해 주는 가게에 전화를 하려고 수화기를 들었죠. 그런데 전화가 고장이 나 있었어요. 결국 손님들을 초대하려는 생각을 그만두었지요. 그런데 이 꿈은 소망을 이루는 게 아니라 소망을 이루지 못하는 꿈이잖아요. 손님들을 초대하고 싶었는데 여러 가지 사정이 생겨서 모임을 취소할 수밖에 없었으니까요. … 이런 일은 현실에서 늘 일어나는 일이니, 은밀한 소망 같은 것도 없고요."

"그렇지 않습니다. 꿈은 나타난 그대로의 의미가 아니에요. 분석을 해 봐야 진짜 의미를 알 수 있습니다."

프로이트는 환자에게 그 꿈에 대해 떠오르는 생각을 계속 말해 보라고 했다. 이런저런 이야기 끝에 환자는 꿈꾸기 전날 친구네 집을 방문했다고 말했다. 남편이 항상 그 친구를 칭찬하기 때문에 환자는 마음속으로 질투심을 느끼고 있었다. 친구는 몸이 가늘고 야윈 편이었고, 환자의 남편은 통통한 몸매를 좋아했다. 친구는 그날 환자에게 이런 말을 했다.

"저녁 식사에 언제 또 초대해 줄 거야? 너희 집 음식은 언제나 맛있어."

프로이트는 환자의 말을 듣고 그 꿈을 분석해 보았다.

"아마도 식사에 초대해 달라는 친구의 말을 듣고 당신은 이렇게 생각했을 거예요. '물론 내가 너를 초대하면, 너는 우리 집에서 많이 먹고 살이 쪄 남편의 마음에 더 들게 되겠지. 그럴 바에는 차라리 저녁 식사 대접 같은 건 안 하는 게 나아.' 그래서 꿈은 당신이 손님을 초대할 수 없다고 말하고 있는 거예요. 당신 친구가 보기 좋게 살이 찌도록 돕고 싶지 않다는 소망을 이루어 주려고요."

사랑하는 사람이 꿈에서 죽는 이유는?

꿈은 암호나 수수께끼 같은 장치를 만들어서 낮의 현실 속에서는 이룰 수 없는 소망을 이루려 한다. 그런데 때로는 부모나 형제자매, 친척 같은 소중한 사람들이 죽는 꿈을 꾸기도 한다. 꿈이 소망을 이루어 주는 것이라면 왜 사랑하는 사람이나 소중한 사람이 꿈에서 죽기도 하는 것일까? 프로이트가 잘 알던 어느 젊은 아가씨는 다음과 같은 꿈을 꾸었다.

"저는 언니의 첫째 아들 오토를 매우 사랑했어요. 언니네 집에서 살면서 그 애를 제 자식처럼 키웠거든요. 오토가 병에 걸려 세상을 떠났을 때 정말 슬펐어요. 곧이어 둘째 조카 카를이 태어났고 그 애도 사랑하지만 죽은 오토만큼은 아니지요. 그런데 어젯밤에 카를이 죽어서 관 속에 누워 있는 꿈을 꾸었어요. 어린 오토가 죽었을 때와 똑같이요. 저는 너무 놀라서 큰 소리로 울었어요. 제가 왜 이런 꿈을 꾸었을까요? 오토를 더 사랑했기 때문에 카를이 죽기를 바란 걸까요? 제가 그렇게 나쁜 이모인가요?"

"아니에요. 그럴 리가 있겠습니까? 꿈은 그렇게 분명하게 나타나는 경우가 드물어요. 반드시 숨겨진 의미가 따로 있어요. 그 의미를 함께 찾아봅시다."

프로이트는 아가씨에게 이런저런 질문을 하면서 꿈을 분석했다. 아가씨는 어렸을 때 부모님을 일찍 여의고 언니 집에서 살았다. 그러다가 형부의 친구인 어떤 남자와 서로 사랑하는 사이가 되었다. 두 사람은 결혼을 약속했지만, 언니의 반대로 뜻을 이루지 못했다. 그렇게 되자 남자는 더 이상 아가씨가 사는 언니 집에 놀러 오지 않았다. 그래서 아가씨는 오랫동안 사랑하는 남자를 만나지 못했다.

"바로 그거예요!"

아가씨의 말에 귀를 기울이던 프로이트가 말했다.

"오토가 죽었을 때 그 사람이 장례식장에 왔었죠?"

"네, 그랬어요."

"아가씨는 카를이 죽으면 그 사람이 장례식장에 나타날 거라는 기대 때문에 그런 꿈을 꾼 게 틀림없어요. 그 사람을 보고 싶지만 그 마음을 숨기려고 대신 조카가 죽는 꿈을 꾼 거라고요."

그러나 위와 같은 특별한 경우와는 달리 프로이트는 실제로 사람들이 부모나 형제자매가 죽기를 바라는 소망을 한 번쯤 가진 적이 있기 때문에 그런 꿈을 꾸는 경우가 많다고 주장했다. 사랑하는 가족이 정말로 죽기를 바란다는 의미가 아니라, 어린 시절 누구나 한 번쯤은 그런 생각을 하기 때문에 그것이 기억에 남아 있다가 꿈으로 나타난다는 것이다.

프로이트는 아이들을 아직 진화가 안 된 어른이라고 생각했다. 특히 세 살 이전의 아이들은 철저하게 이기적이라서 가지고 싶은 것은 모두 가지려 하고, 부모의 사랑도 독차지하고 싶어 한다. 그러니까 주위에 있는 형제자매나 어머니, 아버지조차 경쟁 상대로 생각할 수밖에 없다. 프로이트의 환자였던 어떤 부인은 네 살 때 이후로 다음과 같은 꿈을 자주 꾸었다.

"저는 여러 명의 아이들과 풀밭에서 즐겁게 뛰어놀고 있어요. 아이들의 얼굴을 자세히 보면 제 언니와 오빠, 사촌 형제들이죠. 그런데 갑자기 언니, 오빠의 등에 날개가 돋아나고 하나씩 하늘로 날아가 버려요."

꿈은 무의식과 의식을 연결하는 고리이다.

프로이트는 부인에게 물었다.

"어렸을 때 어른들에게 사람이 죽으면 천사가 되어 하늘나라로 간다는 말을 들은 적이 있지요?"

"네, 어린아이들에게는 죽음을 그렇게 설명하잖아요."

"그 꿈은 언니, 오빠들이 천사가 되어 날아가는 거예요. 언니, 오빠들이 죽었으면 좋겠다고 생각한 거죠. 어머니, 아버지의 사랑을 독차지하고 싶어서 그런 꿈을 꾸었을 거예요."

프로이트 역시 동생이 태어나자 어머니를 빼앗겼다는 억울함 때문에 동생이 없어지기를 바랐던 기억이 있었다. 아이들은 죽음에 대해 어른처럼 생각하는 게 아니다. 그저 죽으면 '사라진다', '떠난다' 혹은 '더 이상 방해하지 않는다'라고 생각한다. 따라서 이기적인 마음 때문에 형제나 자매가 죽기를 바랄 수도 있다.

처음에 프로이트는 신경증 환자나 히스테리 환자들을 치료하기 위해 꿈을 분석하기 시작했다. 그러다가 꿈이 무의식 속의 소망이나 바람을 드러내고 실현하고자 하는 중요한 역할을 하고 있

언니!
오빠!

음을 발견했다.

또한 꿈은 정신적으로 문제가 있는 사람들만 꾸는 게 아니라 평범한 사람들 모두가 꾸는 것이기도 하다. 꿈은 우리가 자고 있는 동안 스스로에게 말을 하는 이야기이다. 그래서 프로이트는 꿈이 무의식과 의식을 연결하는 고리이며, 꿈을 연구하면 인간의 무의식이 어떻게 활동하는지 알 수 있다고 믿었다.

프로이트는 자신이 인간의 정신을 이해하는 데 중요한 첫걸음을 떼었다고 생각했다. 그는 『꿈의 해석』을 평생 자신이 이룬 가장 중요한 과학적 업적으로 믿었다. "이런 통찰력은 평생 동안 단 한 번밖에 주어지지 않는 행운"이라고 말하며 자랑스러워했다.

그러나 『꿈의 해석』은 처음에는 그다지 큰 관심을 끌지 못했다. 출간된 지 6년 동안 고작 351부가 팔렸을 뿐이었다. 『꿈의 해석』보다 40년 전에 나온 다윈의 『종의 기원』은 나오자마자 그날 저녁에 1,250부가 모두 팔렸으며, 여러 차례 개정판이 나왔다. 그러나 훗날 『꿈의 해석』은 『종의 기원』과 나란히 현대의 문화와 정신을 완전히 새롭게 바꾼 책으로 평가받았다.

4장

인간에 대한 수수께끼를 풀어 가는 사람

오이디푸스 콤플렉스

형제나 자매를 경쟁자로 생각해서 그들이 죽기를 바라는 소망을 갖게 되는 이유를 어린아이들의 이기심에서 비롯된 것이라고 한다면, 어머니나 아버지 가운데 한 사람이 죽는 꿈은 어떻게 설명할 수 있을까? 아이들이 자신에게 모든 것을 주고 가장 큰 사랑을 베푸는 부모가 없어지기를 바라는 소망을 품는다는 것은 납득할 수 없는 일이었다. 그러나 프로이트는 자신의 아버지가 세상을 떠난 뒤 고통스럽게 자기 분석을 하는 과정에서 중요한 사실을 발견하게 되었다.

프로이트의 가족 구성은 복잡하고 남달랐다. 아버지 야콥 프로이트는 마흔 살에 프로이트의 어머니 아말리아와 다시 결혼했다. 이때 어머니는 겨우 스무 살이었다. 아버지에게는 첫 번째 부인에게서 얻은 두 아들이 있었는데, 맏아들은 새로 얻은 부인 아말리아보다 나이가 많았다.

1856년 5월에 프로이트가 태어났을 때, 어머니의 나이는 스물한 살이었다. 어린 프로이트는 종종 이런 생각을 했다.

'아버지는 할아버지 같아. 머리도 하얗고 얼굴에 주름살도 많아. 어머니는 젊고 아름다운데. 차라리 큰형이 어머니의 남편처럼 보여. 어머니는 왜 아버지와 결혼했을까? 아버지와 결혼하지 않았으면 귀찮은 동생들도 이 세상에 나오지 않았을 텐데.'

프로이트는 젊은 어머니를 몹시 사랑했다. 어머니 또한 많은 자식들 가운데 맏이이면서 총명한 프로이트를 가장 사랑했다. 프로이트는 어머니를 독차지하고 싶었고, 어머니와 한 침대에서 자야 할 사람은 아버지가 아니라 자기라고 생각했다.

여동생 안나가 태어났을 무렵이었다. 어린 프로이트는 밤이 되면 이따금 부모의 침실로 살금살금 기어 들어갔다.

"내가 엄마 옆에서 잘래요. 엄마 옆에서 자면 안 돼요?"

하지만 아버지가 늘 프로이트를 타일러서 자기 방으로 돌려보냈다. 어느 날 밤 프로이트는 방으로 돌아가라는 아버지의 말을 듣고 화가 났다. 그래서 침실 한가운데 서서 오줌을 누었다. 그 모습을 보고 아버지는 화가 머리끝까지 치밀었다. 평소에는 자상하고 다정했던 아버지가 침대에서 뛰쳐나와 프로이트에게 호통을 쳤다.

"어떻게 이런 짓을 할 수 있지? 너는 도대체 뭐가 되려고 그러는 거냐? 아무짝에도 쓸모없는 놈 같으니라고!"

이 사건은 앞으로 훌륭한 사람이 되겠다는 소망을 품고 있던 프로이트의 자존심에 깊은 상처를 남겼다. 프로이트는 종종 그와 같은 일이 다시 일어나는 꿈을 꾸었다.

"꿈에서는 아버지에게 꾸지람을 듣는 장면이 계속 나타났으며, 그럴 때마다 나는 아버지에게 내가 이룬 성공과 해낸 일들을 이야기하면서 변명을 했다. '보세요, 아버지. 나는 결국 훌륭한 사람이 되었잖아요.'라고 말하고 싶은 것처럼."

프로이트는 부모 가운데 어느 한쪽을 사랑하고 다른 한쪽을 미워하는 것은 자기만 겪은 특별한 감정이나 경험은 아니라는 것을 알았다.

세 살에서 다섯 살까지의 남자아이들 대부분은 어머니와 결혼하고 싶어 하고, 아버지에게 질투심을 느낀다. 아버지가 사라지기를 바라기도 한다. 어머니와 같이 자겠다고 떼를 쓰거나 아버지에게 공격적인 태도를 보인다. 프로이트는 이것이 사람들이 느끼는 공통적인 감정이라는 사실을 소포클레스의 비극『오이디푸스 왕』을 예로 들어 설명했다.

오이디푸스는 테베의 왕자로 태어났으나 아버지를 죽이고 어머니와 결혼한다는 불길한 예언 때문에 산속에 버려진다. 양치기들이 그를 구해서 이웃 나라 왕과 왕비에게 보냈다. 늠름한 청년으로 자란 오이디푸스는 테베로 가는 길에 자신의 진짜 아버지를 만나게 되고, 말다툼 끝에 아버지인 줄도 모르고 죽이게 된다.

그리고 테베로 가서 사람을 잡아먹는 스핑크스와 대결한다. 스핑크스는 "아침에는 네 발로, 낮에는 두 발로, 저녁에는 세 발로 걷는 것은 무엇인가?"라는 수수께끼를 낸다. 오이디푸스는 사람이 아기일 때는 네 발로 기고, 어른이 되어서는 두 발로 걸으며, 늙으면 지팡이를 짚고 다니니 수수께끼의 답은 '사람'이라고 대답한다. 스핑크스를 처치한 오이디푸스는 테베의 왕이 되어 왕비와 결혼한다. 그 왕비는 바로 자신의 어머니였다. 나중에 자신이 무슨 짓을 저질렀는지 알게 된 오이디푸스는 스스로 자기 눈을 찔러 장님이 되었다.

이러한 고대 신화가 사람들의 무의식 속에 숨겨진 은밀한 소망

오이디푸스 콤플렉스를 극복하지 못하면,
어른이 되어 정신적 장애를 지니게 된다.

을 표현하고 있다고 프로이트는 설명했다. 그리고 이것을 '오이디푸스 콤플렉스'라고 이름 붙였다. 프로이트는 어린 남자아이들 대부분은 오이디푸스 콤플렉스를 느낀다고 주장했다. 무의식 속에서 아버지를 제거하거나 이기고 싶어 한다는 것이다.

그렇다고 아이들이 그런 소망을 실제로 행동으로 옮긴다는 의미는 아니다. 남자아이가 "엄마와 결혼할 거야."라고 말하거나 여자아이가 "아빠와 결혼할 거야."라고 말하는 것은 흔한 일이지만, 정상적인 어린 시절을 보내면 아이들은 가족이 아닌 다른 사람을 사랑하게 되고 결혼하게 된다.

그러나 어린 시절에 나쁜 경험을 하거나 이런 콤플렉스를 극복하지 못하면, 어른이 되어 히스테리나 신경증 같은 정신적 장애를 지니게 된다는 것이다. 이것은 중요한 발견이었다. 정신적 장애가 유전이나 생리적, 신체적 원인만이 아니라 어린 시절의 경험에서 비롯된 마음의 문제 때문일 수도 있다는 것이었다.

프로이트가 살았던 시대의 사람들에게는 이것은 매우 놀라운

"아빠, 꺼지세요!
제가 엄마랑 결혼할 거예요!"
라고 말해도 될까? 프로이트
선생님은 이런 마음이
정상이라고 말씀하셨는데...

이야기였다. 그 당시에는 정신적으로 문제가 있는 사람들은 태어날 때부터 보통 사람들과 다르게 태어났다고 생각했다. 이상한 행동을 하고 사회에 적응하지 못하는 사람들도 정상적인 사람들과 차이가 없다는 프로이트의 주장은 받아들여지기 힘들었다.

프로이트는 정신 질환의 치료법을 찾는 연구에서 벗어나 일반적인 인간의 정신을 탐구하는 방향으로 나아가기 시작했다. 모든 인간의 정신이나 마음이 어떻게 이루어져 있는지, 어떻게 움직이는지를 알아내고자 하였다.

말실수와 농담도 무의식과 관계있다

『꿈의 해석』이 나온 이듬해에 프로이트는 『일상생활의 정신 병리학』이라는 책을 펴냈다. 이 책에서 프로이트는 사람들이 일상생활 속에서 저지르는 말실수, 글자를 틀리게 쓰는 것, 유명한 사람이나 가까운 사람들의 이름을 잊어버리는 것과 같은 건망증, 농담 같은 것들도 무의식 속에서 억눌린 감정들 때문에 일어나는 것이라고 설명했다.

국회 의원들이 모여 중요한 회의를 시작할 때 의장이 "개회를 선언합니다."라고 말하는 대신 "폐회를 선언합니다."라고 말해 버리는 경우가 있었다. 프로이트는 이런 말실수를 단순한 착각이나 우연에서 비롯된 것이라고 생각하지 않았다. 말실수를 저지른 앞뒤 상황을 살펴보면 그 이유를 발견할 수 있다고 생각했다.

회의의 주제가 의장이 속한 정당의 국회 의원 자격을 박탈할 것인지를 결정하는 것과 같이 불편한 내용이라면 의장의 무의식 속에 빨리 회의를 끝내고 싶다거나 혹은 회의를 열고 싶지 않다는 생각이 자리 잡고 있었을 수 있다. 의장은 자신의 의무이기 때문에 개회 선언을 하지만, 회의를 시작한다고 말해야 하는 순간에 회의를 끝낸다는 말실수를 한 것이라고 해석할 수 있다. 의장의 마음속에는 회의를 열지 않으면 안 된다는 마음과 열고 싶지 않다는 마음, 두 가지가 동시에 존재하고 있었다는 것이다. 프로이트는 이렇게 서로 모순되는 두 가지 마음이 충돌하면 말실수를 하게 된다고 주장했다.

또 다른 예로, 독일의 어느 교수가 취임 강의에서 "존경하는 전임자의 많은 업적에 대해 나는 논할 자격이 없습니다."라고 말할 생각이었으나 무심코 "존경하는 전임자의 많은 업적에 대해 나는 논할 기분이 아닙니다."라고 말해 버렸다. '자격이 없다(nicht geeignet)'를 '기분이 아니다(nicht geneigt)'라고 말실수한 것이다.

맛있어?
고기가
드럽다!
앗, 아니!
부드럽다!

독일어로는 철자와 발음이 매우 비슷한 단어라는 점이 이 말실수에 작용한 것이 틀림없었다.

하지만 왜 하필 이 부분에서 실수한 것일까? 비슷한 단어는 그 밖에도 얼마든지 있는데 왜 하필 입에서 흘러나온 말이 이 단어였을까? 프로이트는 새로 취임한 교수가 전임자의 업적을 별로 높이 평가하지 않았기 때문일 것이라고 추측했다.

'유부 초밥'을 '유두 초밥'으로, '전화위복'을 '전화 위기'로, '국회의원직 사퇴'를 '대통령직 사퇴'로 말하는 경우처럼, 단어를 바꿔 말하는 실수를 저지르는 일은 흔하다. 자기도 모르는 사이에 다른 말이 불쑥 튀어나온다. 진짜로 하고 싶은 말을 감추려 하기 때문이다.

글자를 틀리게 쓰는 경우도 있다. 어느 해 휴가를 다녀온 직후 프로이트는 9월 20일을 10월 20일로 잘못 쓴 적이 있었다. 그 무렵 프로이트를 찾는 환자가 거의 없었는데, 휴가를 가기 전 어느 환자와 10월 20일에 약속을 했다. 빨리 일을 시작하고 싶은 바람 때문에 날짜를 잘못 썼던 것이다.

'실수로' 자신이 정말 원하는 일을 하는 경우도 있다. 프로이트가 어떤 환자에게 그 사람이 사랑하는 여자와 만나지 말고 연락도 하지 말라고 충고를 했다. 그런데 그 환자가 프로이트에게 전화를 걸려고 하다가 '실수로' 그 여자의 전화번호를 눌렀다. 프로이트는 이런 일들이 무의식에 숨겨져 있던 소망이 의식의 힘이 느슨해진 틈을 타서 튀어나오는 것이라고 설명했다.

『농담과 무의식의 관계』라는 책에서는 농담도 무의식에 갇혀 있던 소망을 이루려는 것이라고 주장하면서 다음 예를 들었다.

어느 몰락한 남자가 부유한 친지에게 자신의 딱한 처지를 여러 차례 호소해서 약간의 돈을 빌렸다. 그런데 바로 그날 그 부유한 친지는 식당에서 마요네즈 소스를 친 연어 요리를 앞에 놓고 있는 남자와 마주치게 된다. 친지가 비난을 퍼붓는다.

"아니, 나한테서 돈을 빌려 연어 요리를 먹다니! 이러기 위해서 내 돈이 필요했던 거요?"

가난한 남자가 대답한다.

"무슨 말씀이신지? 돈이 없을 때는 연어 요리를 '먹을 수 없고', 돈이 있을 때는 연어 요리를 '먹어선 안 된다니', 그렇다면 도대체 난 언제 연어 요리를 '먹어야' 합니까?"

이 이야기는 부유한 친지가 무의식에서 돈을 빌려주기 싫었음을 드러내고 있다. 사람들이 웃는 이유는 대부분 비슷한 무의식을 지니고 있기 때문일 것이다.

프로이트는 농담을 좋아했고 관심이 많았다. 그는 농담을 무의식이 사회적으로 드러나는 것이며, 사람들이 웃음을 터뜨리는 것으로 쌓여 있던 정서적 억압이 풀려난다고 보았다.

프로이트는 농담에도 무의식이 개입되지만, 그것은 다른 사람들이 이해할 수 있는 정도까지만 가능하다고 생각했다. 농담은 다른 사람들에게 이야기해야 하는 것이기 때문이다. 그런 점에서 꿈은 완전한 무의식이며 개인적 차원의 일이지만, 농담은 어느 정도 의식적인 것이며 사회적 차원의 일이다.

러시아의 전 대통령 옐친을 웃음거리로 삼은 다음과 같은 농담이 있다. 어느 농촌을 둘러보러 나갔던 옐친이 발을 헛디뎌 거름통에 빠졌다. 한 농부가 달려와 그를 구해 주자 옐친이 심각한 표정으로 말했다.

"내가 여기에 빠졌다고 소문내지 마시오."

그러자 농부가 옐친보다 더 심각한 표정으로 말했다.

"옐친 씨! 당신도 내가 구해 줬다고 소문내지 마시오."

이 농담이 재밌으려면 옐친이 얼마나 러시아 국민에게 인기가 없는지를 알아야 한다. 옐친이 누구인지 모르고, 러시아 사람들이 그를 싫어하는지 모르면 웃을 수 없다. 그렇기 때문에 프로이트는 농담을 사회적 차원의 일이라고 말했다.

말실수, 건망증, 농담 등도 억눌린 감정 때문에 생겨나는 것이다.

무의식을 움직이는 힘

프로이트는 이렇게 사람들이 꾸는 꿈, 행동이나 말실수, 해야 할 일을 자꾸 잊어버리는 일들은 모두 무의식과 관계가 있다고 생각했다. 사람들의 마음속 깊숙이 숨겨져 있던 소망들이 잠을 잘 때나 의식의 감시가 소홀해진 틈을 타서 튀어나오는 것이라고 보았다. 무의식에서 밀고 올라오는 소망과 그것을 방해하는 억압이 늘 사람들의 마음속에서 씨름하고 있다는 것이다.

프로이트는 무의식을 움직이는 힘이 어디에서 오는 것인지 곰곰이 생각하게 되었다.

'사랑하는 사람이 죽어 버리는 고통스러운 경험이나 어린 시절의 좋지 않은 기억들이 정말로 신경증이나 히스테리의 원인일까? 그런 경험들은 분명히 사람들을 혼란스럽게 만들지. 하지만 그러한 혼란 밑에 강한 소망이 숨겨져 있어. 그 정체는 무엇일까? 드러내 놓고 말하기 어려운 것도 그 힘이 매우 강하기 때문

일지도 몰라.'

그때 파리에서 공부하던 시절 샤르코가 했던 말이 머리에 떠올랐다. 프로이트가 샤르코의 집에서 열린 파티에 초대되어 갔을 때였다. 샤르코는 자신이 치료했던 동양인 부부 이야기를 하다가 이렇게 말했다.

"모든 원인은 성생활에서부터 오는 겁니다. 거의, 언제나, 모두요."

프로이트는 성적 욕망이나 충동의 억압이 문제의 열쇠라고 생각했다. 그 당시 유럽 사회에서 성적 욕망에 대해 터놓고 이야기하는 것은 불가능한 일이었다. 성이라든가, 몸이라든가, 쾌감이라는 말도 꺼낼 수 없었다. 따라서 환자들은 절대로 성에 대해 말하지 않았다.

그러나 다윈의 영향을 많이 받은 프로이트는 사람과 동물이 크게 다르지 않다고 생각했다. 동물과 마찬가지로 사람도 생물학적 욕구와 본능이 생명을 유지하게 만드는 근원이라고 보았다.

"생물학적 충동은 모두 종족 보존이라는 똑같은 목표를 가진다. 그리고 종이 살아남을 수 있는 유일한 방법은 번식뿐이다. 성욕은 다른 어떤 욕구보다 가장 기본적인 욕구다."

『꿈의 해석』을 펴내고 그 뒤 몇 권의 책을 더 출간한 이후로 프

성적 억압
성적 소망
성적 혼란
성적 충동
성적 욕구

로이트는 쏟아지는 비난과 차가운 경멸에 시달려야 했다. 아이들에게도 성적 욕망이 있다는 주장을 편 뒤로는 브로이어 같은 가까운 사람들도 등을 돌렸다.

"천박하고 역겨운 일 아닌가? 사람들이 모두 자기 같은 생각만 하는 줄 아는가 봐. 게다가 천사 같은 아이들까지 그런 생각을 한다는 소리를 하는 걸 보니, 프로이트는 제정신이 아닌 것 같아."

1900년대 초반의 유럽에서는 성에 대해 드러내 놓고 말하는 사람들이 거의 없었다. 그런 것이 이 세상에 존재하지 않는 것처럼 외면했다. 프로이트가 사람들의 삶에서 성적 욕망이나 충동이 중요한 역할을 하고 있다고 말한 것은 매우 용기 있는 일이었다.

더 나아가 프로이트는 사람은 태어나면서부터 신체적 즐거움을 추구하며, 아기들이 손가락을 빨거나 엄마 젖을 빠는 행동도 그런 즐거움을 얻으려는 것이라고 했다. 이런 이야기는 세상을 깜짝 놀라게 만들었다. 자기 자신도 의식할 수 없는 무의식이 존재한다는 주장도 불편했는데, 그런 무의식이 신체적, 감각적 즐거움을 느끼려는 욕구에 따라 움직인다는 이야기는 사람들을 불쾌하게 만들었다. 사람들은 프로이트가 순수한 어린아이들도 색안경을 끼고 보는 것이라며 분개했다.

'아기들이 배가 불러도 손가락을 빨고, 엄마 젖을 만지고 싶어

하는 것은 누구나 아는 사실인데, 사람들은 왜 그런 것을 똑바로 보려 하지 않을까?'

프로이트가 말하고 싶었던 것은 사람이 신체적 즐거움만 추구하는 존재라는 것은 아니었다. 누구나 신체적 즐거움을 추구하는 본능을 갖고 태어나지만, 아무 문제없이 잘 자라서 어른이 되면, 그런 욕구는 다른 욕구로 바뀐다고 설명했다. 새로운 지식을 알아 가는 즐거움, 그림을 그리고 음악을 연주하는 즐거움, 발명을 하고 창조를 하는 즐거움을 느끼려는 욕구로 변한다는 것이다. 다만 자라는 동안 제대로 욕구를 충족시키지 못하거나 나쁜 경험으로 상처를 받거나 하면 정신적 장애가 생길 수 있다는 주장이었다.

스핑크스의 수수께끼를 풀었던 오이디푸스처럼 프로이트는 인간에 대한 수수께끼를 풀어 가는 사람이 되었다. 오래전부터 프로이트 스스로 바랐던 일인지도 몰랐다. 그의 진료실 벽에는 항상 오이디푸스와 스핑크스의 그림이 걸려 있었다.

5장

성공과 명예를 거머쥐다

유명한 수수께끼를 푼 영웅

"교수님, 저희가 준비한 선물입니다. 마음에 드셨으면 좋겠습니다."

프로이트의 쉰 살 생일을 축하하는 파티가 열리고 있었다. 몇몇 사람들이 생일을 맞은 주인공에게 선물을 내밀었다. 한쪽 면에는 프로이트의 얼굴이, 다른 쪽 면에는 오이디푸스와 스핑크스가 새겨져 있는 메달이었다.

프로이트는 메달에 새겨져 있는 글귀를 보고 흠칫 놀랐다. '유명한 수수께끼를 푼 영웅'이라고 새겨져 있었다. 오래전 프로이트가 빈 대학의 신입생이었을 때, 저명한 교수들의 흉상이 늘어서 있는 회랑을 돌아보며 언젠가 자신의 흉상도 그곳에 세워지기를 바랐다. 그러면서 그 흉상에는 메달에 새겨진 글귀, 소포클레스의 『오이디푸스 왕』에 나오는 바로 그 글귀가 새겨지기를 바랐다. 그런데 이제 소망이 하나둘 이루어질 것이라는 암시처럼 그 글귀가 새겨진 메달을 받은 것이다.

이 메달을 생일 선물로 준 사람들은 꿈과 무의식에 대한 프로이트의 생각을 지지하고 연구하는 모임인 수요심리학회 회원들이었다. 대부분 빈에 사는 유대 인 의사들이었으며, 정신 분석을 배워서 환자들을 치료하겠다는 생각을 지닌 사람들이었다.

수요심리학회의 첫 모임은 1902년 가을에 시작되었다. 담배를 피우고 커피를 마시며 토론을 하는 격식 없는 모임이었다. 그 뒤 매주 수요일 저녁 아홉 시에 프로이트의 집에 모였다.

처음에는 빌헬름 슈테켈, 막스 카하네, 알프레트 아들러 같은 사람들이, 시간이 좀 흐른 뒤 산도르 페렌치, 오토 랑크가 참여했다. 몇 년 뒤 칼 구스타프 융, 어니스트 존스 같은 외국인들이 들어온 뒤에는 국제적 모임이 되었다.

회원들은 수요일마다 모여 유명한 사람들이나 소설에 나오는 인물들의 정신을 분석했다. 서로의 꿈을 분석하거나 말실수나 건

수요심리학회
막스 카하네
프로이트
칼 구스타프 융
산도르 페렌치
오토 랑크
어니스트 존스
빌헬름 슈테켈
알프레트 아들러

망증 때문에 당황했던 순간들을 고백하기도 했다. 회원들은 진지하게 자기 마음속 깊은 곳을 털어놓으면서 무의식을 탐구했다. 모두들 프로이트를 존경했으며 그의 의견에 귀를 기울였다.

한스는 수요심리학회에 참여했던 음악학자의 아들이었다. 한스는 언젠가부터 말을 무서워했고 집 안에만 틀어박혀 있으려 했다. 한스의 아버지는 수요심리학회 회원들과 함께 자신의 아들에 대해 분석했다. 이 분석은 나중에 '꼬마 한스의 이야기'로 정신분석학회에서 발표되어 세계적으로 유명해졌다.

"아빠, 동생이 욕조에 빠져 죽으면 어떡해요?"

꼬마 한스가 아버지에게 물었다.

"그렇게 되면 엄마에게는 너만 남겠지. 너는 착한 아이니까 그런 걸 바라지는 않지?"

한스는 당황하면서 대답했다.

"하지만 생각은 할 수 있잖아요."

"아니, 좋지 않아."

"생각을 하는 건 좋은 거예요. 그러면 프로이트 교수님에게 그 생각을 써 보낼 수 있잖아요."

그 말을 전해 듣고 프로이트는 감탄했다. 한스는 어른들보다 더 정신 분석에 대해 잘 이해하고 있는 것 같았다.

한스는 엄마가 좋아.
아버지가 사라지면
좋겠어. 내 생각을
아버지가 알고
화를 낼까 봐 무서워.
아버지는 커다래.
말도 커다래.
아버지 대신 말을
무서워하자.

한스는 동생이 태어나면서 부모의 관심을 빼앗겼다. 자기 물건이나 장난감을 나누어야 할지도 모른다는 불안에 시달렸다. 그러더니 갑자기 말을 무서워하기 시작했다. 말이 무서워서 마차를 탈 수 없었고, 거리에 나가려 하지 않았다. 말의 커다란 성기를 본 한스는 말이 자기를 깨물 것이라는 두려움에 사로잡힌 것이다.

프로이트는 한스가 어머니에 대한 사랑 때문에 아버지가 사라지길 바라고 있다고 분석했다. 자기가 그런 소망을 가지고 있어서 아버지가 화를 낼까 봐 두려워한다는 것이다. 특히 아버지가 자신의 고추를 잘라 버릴지도 모른다는 공포를 갖고 있었다. 예전에 한스가 고추를 만지자 어머니는 의사를 불러 고추를 잘라 버리겠다고 혼낸 적이 있었기 때문이다. 말을 두려워한 것은 아버지에 대한 두려움, 특히 '거세 불안'을 완화하기 위해서 커다란 말에게 전이시킨 것이다.

한편으로 한스는 아버지를 사랑하기도 했으므로, 자기가 그런 소망을 가지고 있다는 게 괴롭기도 했다. 그래서 한스는 아버지가 아버지의 어머니와 결혼했다고 상상했다. 그러면 한스도 아버지를 그대로 둔 채 어머니와 결혼할 수 있으니까.

프로이트는 십 년 동안 한스가 자라는 모습을 지켜보면서 분석했다. 그러면서 아이들이 어렸을 때부터 남자와 여자의 성의 차이, 그리고 임신과 탄생에 대해 호기심을 갖는다는 자신의 이론이 옳다는 것을 확신했다.

이 무렵 플리스와 프로이트의 우정은 서서히 금이 가기 시작했다. 오래전 프로이트는 코피를 자주 흘리는 증상이 있는 자신의 환자를 이비인후과 의사인 플리스에게 소개시켜 준 적이 있었다. 플리스는 간단한 수술로 환자의 증상을 치료할 수 있다고 했다. 환자는 수술을 받았으나 플리스가 심각한 실수를 저지르는 바람에 죽을 고비를 넘겨야 했다.

그 일을 계기로 플리스에 대한 프로이트의 믿음이 서서히 무너졌다. 플리스 역시 프로이트가 너무 자기만의 생각으로 환자들을 들여다보고 판단한다는 비판을 하기 시작했다.

두 사람이 완전히 친구 관계를 끊어 버린 것은 프로이트의 젊은 동료가 펴낸 책 때문이었다. 그 책에는 플리스가 프로이트에게 보낸 편지에 썼던 내용이 들어 있었다. 플리스는 프로이트가 자신의 생각을 다른 사람에게 전한 것에 대해 크게 화를 냈다. 그러나 프로이트는 자신이 플리스의 생각을 주제로 누군가와 대화를 나눈 적이 있는지도 기억할 수 없었다. 프로이트와 플리스는 더 이상 편지를 주고받지 않게 되었다.

정신 분석가와 고고학자의 공통점은?

프로이트는 마흔여섯 살에 그토록 바라던 빈 의과 대학 교수로 취임했다. 17년 동안의 간절한 기다림이 끝나는 순간이었다. 그 무렵 오스트리아 사회에서 교수는 거의 신과 비슷한 존재였다. 교수가 된 이후로 높은 진료비에도 환자 수가 점점 더 늘어났다.

프로이트는 젊은 시절에 그렇게 바라던 성공과 명예를 드디어 얻게 되었다. 가장 가까운 친구들까지 등을 돌렸던 시절이 있었지만 이제 프로이트의 집은 진료 순서를 기다리는 환자들로 늘 가득 차 있었다. 환자들은 대부분 부자들이었고, 젊은 부인이나 아가씨들이었다. 그들은 진료비를 미리 지불하고 일주일에 대여섯 번씩 진료를 받았다. 그렇게 몇 주나 몇 달, 몇 년이 이어지는 경우도 있었다.

프로이트는 환자 한 사람을 50분 동안 진료하고 5분 동안 휴식을 취했다. 진료가 끝나면 환자들은 대기실 쪽이 아닌 다른 문을 열고 밖으로 나갔다. 대기실에서 기다리고 있는 다른 환자와 얼굴을 마주치고 싶지 않았기 때문이다.

프로이트의 진료실 책장에는 그리스의 흉상들, 중국에서 온 부처상 등이 진열되어 있었다. 프로이트는 옛날 물건들을 좋아해서 고대의 조각이나 골동품을 모으는 취미가 있었다. 처음 진료실에 들어온 사람들은 이집트, 그리스, 로마 등의 유적지에서 발굴 작업을 마치고 돌아온 사람의 방에 와 있는 기분이었다.

프로이트는 환자들과 대화를 나눌 때도 그것들을 빤히 바라보거나 만지작거렸다. 이러한 조각품들을 보면서 프로이트는 생각에 잠길 때가 많았다. 고대 신화 속에 인간 정신의 가장 깊숙한 이야기가 담겨 있다고 믿었다. 그림이나 조각들을 보면서 예술가들의 무의식이 어떻게 드러났는지 탐색했다. 긴 의자에 누워 환자들의 이야기를 듣는 것과 마찬가지였다. 프로이트는 레오나르도 다빈치나 미켈란젤로 같은 예술가들의 어린 시절이나 꿈을 연구했다. 그런 것들이 회화나 조각에 어떤 식으로 나타났는지 분석하려 했다.

실제로 프로이트는 정신 분석으로 환자를 치료하는 과정을 고고학자의 작업에 비유하곤 했다. 고고학자는 땅을 파서 옛날 도시의 흔적을 찾아내고, 벽과 기둥, 돌판 위에 새겨져 있는 반쯤 지워진 고대의 글자들을 발견해 낸다. 운이 좋으면 그런 글자들의 의미를 읽어 내게 된다. 정신 분석가도 고고학자처럼 겹겹이 쌓여 있는 환자의 무의식 속에 숨겨져 있는 의미들을 캐낸다는 것이다.

정신 분석가도 고고학자처럼
겹겹이 쌓여있는 환자의 무의식 속에
숨겨져있는 의미들을 캐낸다.

프로이트는 평생 약한 우울증에 시달렸다. 늘 피곤했고 모든 일이 가치 없다는 기분에 이따금 사로잡혔다. 골동품이나 조각상을 수집하는 것 말고는 특별한 취미도 없었다. 환자들과 대화를 하거나 일을 할 때만 우울한 느낌에서 벗어날 수 있었다. 프로이트는 종종 이렇게 말했다.

"나는 일하는 것 말고 다른 것에서는 즐거움을 느끼지 못한다."

토요일에는 빈 대학에서 강의를 하고, 저녁에는 친구들과 카드놀이를 하는 모임에 참석했다. 일요일에는 어머니와 여동생들을 방문했다. 이 일은 결코 잊거나 거르는 경우가 없었다.

여름에는 가족들 모두 알프스로 휴가를 갔다. 프로이트는 자녀들에게 다정하고 자상한 아버지는 아니었다. 그러나 프로이트는 자녀들과 대화할 때 매우 진지하고 성의 있게 대답해 주었다. 어린아이라고 해서 소홀히 대하는 법은 없었다. 아이들 하나하나에게 특별한 관심과 애정을 주었다. 언제 처음 이가 났는지, 건강 상태가 어떤지, 학교 성적과 재밌는 행동, 특별한 시를 지은 것 등등을 모두 기억했다.

사소한 일은 빨리 잊어버려라!

진료가 없는 어느 날 오후, 프로이트가 서재에서 원고를 쓰고 있는데 맏딸 마틸데가 문을 열고 들어와 흥분된 목소리로 말했다.

"아버지, 오늘 마르틴이 스케이트장에서 어떤 아저씨에게 따귀를 맞았어요. 그리고 스케이트장의 시즌 티켓을 빼앗길 뻔했어요."

마르틴이 붉게 달아오른 얼굴을 푹 숙인 채 마틸데 뒤에 서 있었다.

"마르틴, 어떻게 된 거냐? 무슨 일이 있었는지 말해 줄래?"

프로이트가 물었다. 마르틴은 눈물을 뚝뚝 흘렸다.

"저는 고발당할지도 몰라요. 이제 군대에 가도 장교가 될 수 없을 거예요. 감자 껍질이나 벗기고 쓰레기통이나 비우는 신세가 될지도 몰라요."

“마틸데, 너는 잠깐 나가 있어라. 마르틴과 이야기를 좀 하게.”

프로이트는 아들과 단둘이 서재에 남았다. 그리고 마르틴에게 무엇이 어떻게 된 건지 차근차근 이야기해 보라고 했다.

마르틴은 동생 에른스트가 스케이트를 타다가 어떤 신사와 부딪혔다고 했다. 신사는 넘어지지 않으려고 우스꽝스럽게 몸을 비틀었다. 아직 어린아이인 에른스트가 그것을 보고 웃음을 터뜨리면서 그 사람을 조롱하는 무례한 말을 했다. 그런데 옆으로 지나가던 어떤 사람이 마르틴이 그 신사에게 욕을 한 것으로 오해하고 따귀를 때렸다. 그것을 지켜보던 스케이트장 직원이 다가와 마르틴의 티켓을 빼앗았다. 마틸데가 가까스로 해명을 한 뒤에야 마르틴의 티켓을 돌려받을 수 있었다. 아들의 이야기를 귀 기울여 듣고 나서 프로이트는 말했다.

“마르틴, 네 잘못은 전혀 없는데 불쾌한 일을 당했구나. 하지만 있을 수 있는 일이고 대단한 일도 아니야. 그런 사소한 일은 빨리 잊어버리면 그만이란다.”

프로이트의 말을 듣고 마르틴은 울음을 그쳤다. 아버지 말대로 그냥 운이 나빴을 뿐 별것 아닌 일로 눈물까지 흘린 것이 부끄러웠다. 프로이트는 자녀들을 예절 바르게 키우려 했지만 엄격한 아버지는 아니었다. 프로이트는 친구에게 보내는 편지에서 자신의 마음속에는 '애정이 샘솟는 곳'이 있으며 누구나 언제든지 그 곳에 의지할 수 있다고 말했다. 그리고 자신의 가족들은 그 사실을 알고 있다고 말했다.

프로이트가 환자들을 대하는 마음도 가족들을 대할 때와 마찬가지였다. 프로이트 시대의 사람들은 자기 기분이나 고민 같은 이야기를 다른 사람들에게 털어놓을 기회가 거의 없었다. 교회의 목사나 성당의 신부에게 고백하는 것이 전부였다. 그런 성직자들에게는 창피해서 말하기 힘든 소망이나 감정 같은 것은 더욱 털어놓기 어려웠을 것이다. 그러나 프로이트 앞에서는 그런 이야기들을 거리낌 없이 말할 수 있었다. 비난을 받거나 충고를 듣거나 혼날 일이 없었기 때문이다. 환자들은 마음속에 쌓아 놓았던 이야기들을 하는 것만으로도 훨씬 편안해지는 것을 느꼈다.

실제로 프로이트는 정신 분석은 사랑을 통한 치료라고 주장했다. 그러나 외과 수술과 비슷한 것이기도 했다. 수술을 할 때처럼 동정심 같은 개인적인 감정은 모두 제쳐 두고 치료라는 단 한 가지 목표를 위해 흔들리지 않는 태도를 가져야 한다고 강조하곤 했다.

프로이트는 환자들이 완전히 치료되어 정상적인 사람이 될 것이라고 기대하지 않았다. 히스테리와 같은 신체적 증상이 약해지

억눌려 있던 생각들이
밝은 세상으로 나오면 스스로를
파괴하는 강한 힘은 사라진다.

고 평범한 사람들도 이따금 겪는 마음의 괴로움 정도로 변화되기를 바랐다.

프로이트가 치료의 목표로 삼은 것은 특별한 질병이 있거나 크게 다친 적도 없는데 몸이 아프거나 움직이기 힘든 증상들, 얼굴 근육이 떨리거나, 메스꺼움을 느끼거나, 기침을 심하게 하거나, 어지럽거나, 발작이 일어나는 등 이해할 수 없는 신체적 증상이 완전히 사라지는 것이었다.

정신적 장애가 있는 환자들은 특별한 원인 없이 늘 의욕이 없거나 우울한 사람들이 대부분이었다. 그런 사람들이 성격이 달라져서 밝고 건강한 사람이 되면 좋겠지만, 그런 일은 거의 일어나지 않았다. 정신 분석은 무의식 속에 숨겨져 있고 갇혀 있던 생각과 감정을 의식의 세계로 끌어내려는 것이었다. 억눌려 있던 생각들이 밝은 바깥세상으로 나오면 스스로를 괴롭혀서 일상적인 일을 할 수 없을 정도로 만드는 강한 힘은 사라진다.

프로이트가 바랐던 것은 환자들이 평범한 사람들이 겪는 정도의 일시적 우울함이나 좌절을 느낄 수는 있지만, 누군가를 정상적으로 사랑하게 되고 자신에게 의미 있는 일들을 찾을 수 있을 정도의 기력을 회복하는 것이었다.

구해 주세요!
괴로워요!
꺼내 줘요!

6장

서로를 진심으로 좋아했던 프로이트와 융

만족스러운 미국 여행

1909년 8월 20일, 프로이트는 브레멘의 어느 레스토랑에서 칼 융, 산도르 페렌치와 함께 점심을 먹고 있었다. 세 사람은 미국으로 향하는 조지 워싱턴 호의 출발을 기다리는 중이었다. 프로이트가 매사추세츠 주의 클라크 대학에서 명예 박사 학위를 받기 위해 미국을 방문하게 되었기 때문이다. 융 또한 정신 분열증의 전문가로 함께 초대를 받았다.

"자네가 벌써 미국의 심리학자들 사이에서도 신망을 얻어서 이렇게 함께 여행을 하게 되다니 정말 만족스럽네."

프로이트가 미소를 지으며 융에게 말을 건넸다.

"나는 지난 여름휴가 때 미국에 대한 책을 몇 권 가져갔지만 읽지는 않았네. 그냥 가서 직접 눈으로 보고 놀라고 싶어서 말이야. 자네들에게도 그렇게 하라고 권하고 싶어."

프로이트의 말에 페렌치가 고개를 끄덕였다. 그러나 융은 엉뚱하게도 아까부터 선사 시대 유물인 미라 이야기를 계속 늘어놓고 있었다.

"여기 브레멘에서 멀지 않은 곳에서 미라가 발견되었답니다. 늪 속에 잠겨 있다가 물이 빠지면서 드러난 것이지요. 지금 그것들을 끌어내고 있는 중이라는데…."

프로이트는 지루했다.

'왜 융은 미라 이야기를 계속하는 거지? 혹시… 죽음에 대한 이야기를 하고 싶은 건가? 누가 죽기를 바라는 건가? 혹시 융이 죽기를 바라는 것은 나일까?'

프로이트는 잠시 눈앞이 아득해지면서 의자에서 떨어져 바닥에 나뒹굴었다.

"앗, 교수님. 괜찮으세요?"

페렌치가 벌떡 일어나 프로이트를 부축했다. 융은 차가운 물을 갖다 달라고 소리쳤다. 프로이트는 금세 정신을 차리고 다시 의자에 앉았다.

"잠시 어지럽고 숨이 찼어. 이제는 괜찮아."

페렌치와 융의 부축을 받으며 호텔로 향하는 길에 프로이트는 고개를 저었다.

'아니야, 그럴 리가 없어. 이제 곧 새로운 세계와 마주한다는 긴장과 흥분 때문에 잠시 헛된 생각을 한 걸 거야.'

다음 날 아침 세 사람은 예정대로 조지 워싱턴 호에 올라탔다. 그리고 바다를 건너 미국으로 향했다. 즐겁고 만족스러운 여행이었다. 음식은 훌륭했고 저녁마다 카드놀이를 했다. 오전에는 모여서 서로 지난밤에 꾸었던 꿈을 분석했다. 미국에 대한 기대로 설레기도 했다. 프로이트는 미국을 전혀 좋아하지 않았지만 융과 함께 여행하는 것이 즐겁다고 했다.

그러나 융이 프로이트의 꿈을 분석하기 어려우니 개인 생활에 대해 알려 달라고 하자, 프로이트는 자기 꿈은 분석하지 말라며 거절했다. 프로이트는 언제나 융을 아들처럼 사랑했기에 융은 그의 대답에 놀랐다.

융과 프로이트는 이 년 전에 처음 만났다. 스위스의 권위 있는 정신 병원 의사였던 융이 프로이트를 만나기 위해 빈으로 찾아왔다. 두 사람은 이미 일 년여 동안 편지를 여러 차례 주고받으며 가까워진 사이였다.

융은 오래전부터 정신병을 앓고 있는 사람들을 병원에 가둬 두지 않고 치료할 수 있는 방법을 찾고 있었다. 그러다가 프로이트의 정신 분석에 관심을 갖게 되었다. 융은 환자들에게 자유롭게 떠오르는 이야기를 하도록 하면서 프로이트의 치료 방식을 실험했다. 그리고 프로이트의 자유 연상법이 신경증을 치료하는 데 효과가 있다는 논문을 발표했다. 프로이트는 융의 논문을 읽고 매우 흡족해했다. 융에게 새로 펴낸 자신의 책을 보내 주기도 했다.

프로이트는 의사이자 과학자로서 존경을 받고 있는 융 같은 사람이 정신 분석을 인정해 주는 것이 든든했다. 프로이트는 의사나 과학자들 대부분이 정신 분석을 엉터리 속임수라고 비난하는 것을 알고 있었다.

그는 정신 분석이 오스트리아에 살고 있는 유대 인 의사들의 미신 같은 것이라는 꼬리표가 붙을까 봐 두려웠다. 프로이트는 자신이 만들고 일으켜 세운 정신 분석이라는 학문이 인간 정신에 대한 과학적 통찰임을 의심하지 않았다. 프로이트에게는 정신 분석을 이어 가고 널리 퍼뜨릴 사람이 필요했으며, 융이 바로 그런 사람이었다.

융은 유대 인도 아니었고 오스트리아 인도 아니었으며 젊고 유

능했다. 프로이트는 진심으로 융을 좋아했고 큰 기대를 걸었다.

두 사람은 만나자마자 서로에게 깊은 인상을 받았다. 융은 키가 크고 몸집이 당당했으며, 짧은 금발에 총명해 보이는 푸른 눈이 빛나는 사람이었다. 점심 식사를 함께 하기로 했던 약속은 열세 시간 동안의 대화로 이어졌다.

취리히로 돌아간 뒤, 융은 존경과 애정을 담은 편지를 프로이트에게 보냈다. 두 사람은 예전보다 더욱 자주 편지를 주고받았다. 주로 환자들의 치료 과정과 정신 분석의 개념을 정신병과 문화 연구로 확대하는 방법을 의논했다. 프로이트는 주위 사람들에게 융이 자신의 자리를 이어 갈 후계자라고 말하곤 했다.

프로이트는 미국에서 다섯 번의 강연을 했다. 미국에는 기독교를 믿는 사람들이 많았기 때문에 일상생활에서 성적 욕구나 성에 대한 이야기를 하는 것이 허용되지 않는 분위기였다. 그러나 뜻밖에도 프로이트의 강연은 성공적이었다. 『꿈의 해석』이나 성적인 내용 모두 잘 받아들여졌고, 활발하게 토론이 이루어졌다. 오히려 유럽 사람들보다 더 관심과 주의를 기울였다. 프로이트는 비로소 인정을 받았다는 느낌으로 자신감을 얻었다.

"정신 분석은 이제 헛된 생각에 빠져 있는 연구가 아니며, 우리 현실의 중요한 일부가 되었다. 한낱 꿈이라고 여겼던 일이 현실로 이루어진 것 같다."

미국 사람들과 언론은 프로이트를 환영했다. 미국에서 가장 유명한 심리학자이자 철학자였던 윌리엄 제임스가 프로이트를 만나러 클라크 대학까지 왔다. 심장병을 앓고 있었으나, 제임스는 프로이트와 이야기를 나누며 함께 산책을 했다. 제임스는 심장 발작이 약하게 일어나 걷기가 힘들면 잠시 걸음을 멈추었다가 다시 산책을 계속했다. 프로이트는 그 모습을 보고 존경심을 느꼈다.

"그 뒤로 줄곧 나도 인생의 마지막 순간이 가까워졌을 때, 그처럼 두려움이 없기를 바랐다."

제임스는 프로이트를 만나고 일 년이 지난 뒤 심장병으로 세상을 떠났다.

클라크 대학에서 강연을 마친 뒤 프로이트 일행은 매사추세츠 종합 병원에서 히스테리 환자들을 치료하던 제임스 퍼트넘의 별장에 며칠 머물렀다. 퍼트넘은 1904년부터 이미 정신 분석에 관심을 갖고 있었다. 그는 클라크 대학에서 프로이트의 강연을 들은 뒤, 더욱 전문적인 이야기를 나누고 싶었다. 그래서 프로이트를 자신의 별장에 초대했다.

결국 퍼트넘은 정신 분석 이론과 치료법이 옳다고 믿게 되었다. 퍼트넘처럼 이름 높은 정신과 의사의 인정을 받는 것으로, 정신 분석은 미국이라는 비옥한 땅에 씨앗을 뿌리게 되었다.

세 사람은 뉴욕으로 가서 다시 유럽으로 향하는 배에 올라탔다. 폭풍우가 치는 거친 날씨였다. 유럽으로 돌아가는 여드레의 항해 동안 융은 프로이트에게 분석을 받았다. 나중에 융은 이것이 자신에게 큰 도움이 되었다고 말했다.

"미국에서 벗어나서 기쁘구나. 미국에서 영원히 살지 않아도 된다는 게 더욱 기쁘고."

프로이트는 집으로 돌아가서 가족들에게 말했다. 그토록 환영을 받고 따뜻한 대접을 받았음에도, 자신감을 되찾을 정도로 인정을 받았음에도, 프로이트는 미국을 그다지 좋아하지 않았다.

"미국은 상업적이며, 품위 없고 천박한 곳이야. 음식은 숯불에 구운 볼품없는 커다란 고깃덩어리뿐이고, 얼음을 띄운 차가운 물을 벌컥벌컥 마시는 곳이지. 도무지 입맛에 맞지 않았고 소화도 되지 않았어. 덕분에 화장실을 찾아다니기만 했지. 사람들은 너무 예의가 없어서 나에게 지크문트라고 이름을 부르는 이들도 있었어."

그렇지만 프로이트는 미국 방문이 전체적으로 성공적이었으며, 매우 중요한 일을 해냈다고 생각했다.

아들러와 관계를 끊다

프로이트의 수요 모임은 참여하는 사람들이 점점 늘어났다. 영국과 스위스뿐 아니라 독일에서도 사람들이 모여들었다. 모임의 규모가 커지면서 토론하는 주제도 더욱 깊이 있고 전문적으로 변해갔다. 그러면서 회원들의 생각도 각각 다른 여러 방향으로 발전하기 시작했다.

프로이트가 날카롭고 창의적이라며 칭찬을 아끼지 않던 알프레트 아들러가 '형제간의 경쟁'이라는 개념을 내놓았다. 형제자매는 한 가족 안에서 서로 경쟁하고 질투하며 자란다. 그래서 태어난 순서 즉 형제자매의 서열은 한 사람의 성격이나 열등감에 크게 영향을 미친다는 내용이었다.

이러한 주장을 바탕으로 아들러는 프로이트의 생각에 틀린 부분이 있다고 지적했다. 사람이 어른으로 성장해 가면서 가장 중요한 것은 성적 욕구나 충동이 아니라 다른 사람보다 더 힘세고 잘난 사람이 되려는 욕구, 더 높은 위치에 올라서려는 소망을 이루기 위해 나타나는 공격성이라고 주장했다. 누구나 여러 가지 원인으로 열등감을 갖고 있으며 이를 극복하고 보상하려 노력하는 과정에서 문제가 생기면 신경증 같은 정신적 장애가 일어난다는 것이다.

아들러의 주장은 정신 분석에 관심을 가지면서도 성욕을 강조하는 것 때문에 멀리했던 교육자나 사회사업가, 종교가 등에게 환영을 받았다.

프로이트는 아들러의 이런 주장이 정신 분석에 정면으로 반대하는 것이라며 불같이 화를 냈다. 프로이트에게 정신 분석은 자신이 낳아 소중하게 키운 자식 같은 것이었다. 보통 사람들은 오이디푸스 콤플렉스 같은 성적 욕구를 강조하는 이론들이 옳지 않다는 아들러의 주장을 더 좋아할 것이라는 사실을 프로이트는 미리 내다볼 수 있었다. 그렇게 되면 정신 분석은 전혀 다른 내용으로 변해 버릴 염려가 있었다.

프로이트는 아들러와 관계를 끊었다. 아들러는 다른 회원 여섯 명과 함께 수요 모임을 떠났고, 다른 모임을 만들었다. 같은 학문을 연구하는 학자들끼리는 의견을 서로 나누는 것이 보통이지만, 프로이트는 수요심리학회 회원들이 그들과 의견을 나누는 것을 금지했다.

아들러가 떠난 뒤, 수요심리학회는 정신분석학회로 이름을 바꾸면서 국제적인 조직으로 거듭났다. 오스트리아 잘츠부르크에서 열린 첫 번째 국제정신분석학회 총회에는 마흔세 명의 정신 분석가들이 참여했다. 회장으로 선출된 사람은 융이었다. 프로이트의 뜻이었다. 여러 해 동안 프로이트를 지지하고 충성을 다했던 빈의 회원들이 불만을 표시하며 항의하자, 프로이트는 이렇게 말했다.

"여러분은 대부분 유대 인이고, 그렇기 때문에 정신 분석이 더 넓은 세상으로 퍼져 나가는 일을 방해할 수도 있어요. 우리 유대 인들은 거름이 되는 것으로 만족해야 합니다. 정신 분석은 이제 어린아이가 아니라 청년으로 자라나야 할 때입니다."

프로이트와 정신 분석은 점점 세계적으로 널리 알려지기 시작했다. 1911년 무렵부터는 프로이트가 직접 쓰지 않은 프로이트의 심리학에 대한 책들이 출간되기 시작했다. 그의 이론은 이제 추측이나 속임수가 아니라 중요한 지식으로 대접받기 시작했다.

융과 완전히 결별하다

그러나 프로이트가 자신의 뒤를 이를 사람으로 여겼던 융이 프로이트에게 맞서기 시작했다. 융은 미국으로 가는 배 안에서 프로이트의 꿈을 분석하기 위해 개인 생활에 대해 질문했는데 답을 듣지 못했다. 융은 그때 프로이트에게 크게 실망했다. 인간의 정신을 과학적으로 밝히고자 하는 프로이트가 자신의 권위를 내세워 분석을 허락하지 않는 것을 이해할 수 없었다.

'자신의 정신적 문제도 해결하지 못한다면, 자기가 만든 이론이 무슨 소용이 있겠는가?'

융은 이 무렵부터 프로이트와 사이가 멀어졌다고 주장했다.

처음부터 융은 프로이트의 생각 중에 받아들일 수 없는 부분이 많았다. 예를 들어 성적 욕구나 충동을 가리키는 '리비도'라는 개념이었다.

프로이트는 리비도를 사람이 행동을 하도록 이끄는 힘이며 에너지라고 생각했다. 아기가 젖을 빠는 행동을 예로 들자면, 아기는 태어날 때부터 엄마 젖이나 손가락을 빠는 행동을 한다. 그것은 먹고살기 위한 본능적 행동이다. 하지만 배가 부른 뒤에도 계속 젖을 빨거나 손가락을 빠는 것을 프로이트는 성적 즐거움을 위해서라고 보았다. 이러한 즐거움이 충족되지 못하면 아기는 불안을 느끼고, 더 나아가 신경증으로 발전될 수도 있다고 했다. 물론 아기가 건강하게 자라서 어른이 되면 리비도는 지식을 배우거나 창조적 예술 활동을 하려는 욕구 같은 것으로 변화된다.

하지만 융은 사람을 행동하도록 만드는 힘은 단순히 리비도만

리비도는 성적 욕구나 충동을
가리키는데, 사람이 행동을 하도록
이끄는 힘이 되기도 한다.

은 아니라고 생각했다. 종교를 믿고자 하는 욕구처럼 좀 더 넓은 의미의 정신적 힘이 있다고 보았다. 또한 아기들이 어머니에게 성적 욕망을 갖기보다는 보호자로 의지하는 것이며, 정신 질환의 원인이 오직 어린 시절에 입은 마음의 상처 때문만도 아니라고 주장했다.

융은 서구 유럽의 근대 문화를 바탕으로 만들어진 정신 분석이 다양한 문화에 속해 있는 인간의 정신을 모두 설명하기는 어렵다고 보았다. 그래서 다른 시대의 다양한 문화들을 찾아보고 연구했다. 동양의 신비주의나 UFO, 점성학, 연금술 같은 초자연적 현상이나 주제에도 관심을 기울였다.

프로이트 역시 텔레파시나 독심술에 관심이 있었다. 자기 서재의 떡갈나무 책장에 놓인 이집트의 묘비에서 귀신의 신음 소리가 들린다며 걱정한 적도 있었다. 그럼에도 프로이트는 정신 분석이 미신이나 신비주의 같은 데 물들지 않기를 바랐다.

수요심리
학회

서로를 진심으로 좋아했고 숭배하기도 했던 융과 프로이트는 마침내 6년 동안 끊임이 없던 편지 왕래를 그쳤다. 융은 두 사람 사이에 '남은 것은 침묵뿐'이라고 표현했다. 1914년 봄에 융은 결국 정신분석학회 회장에서 물러났다. 프로이트와 완전히 관계를 끊은 것이다.

프로이트는 자신이 만든 정신 분석의 여러 개념에 대해 사람들이 다른 의견을 내는 것을 견디지 못했다.

"정신 분석은 내가 만든 것이다. 그것을 보호하고 지킬 자격은 나한테 있다고 생각한다. 정신 분석이 무엇인지 나만큼 잘 아는 사람은 없다."

프로이트는 정신 분석이 누구나 받아들일 수 있는 과학이기를 바랐다. 그렇지만 객관적 과학으로 발전하려면 반드시 귀담아들어야 할 반대 의견이나 새로운 의견을 받아들이지 못했다. 프로이트는 논쟁에서 반드시 이겨야만 했고, 이기는 것이 새로운 견해를 받아들이는 것보다 중요했다. 그런 성격 때문에 프로이트는 가까웠던 사람들과 멀어지는 경우가 자주 있었다.

7장

정신 분석을 새롭게 가다듬다

늑대 인간 세르게이의 꿈

프로이트가 치료한 환자들 가운데 가장 유명한 사람은 '늑대 인간'이라는 별명으로 불리던 러시아의 젊은 귀족 세르게이였다. 세르게이는 부유한 집안에서 태어났는데, 어머니, 아버지는 둘 다 우울한 성격이었고, 할아버지는 방탕한 사람이었다. 그에게는 정열적이고 고집이 센 누나가 있었다. 누나는 자신이 못생겼다는 생각에 괴로워하다가 자살했다. 이후로 세르게이는 자살하고 싶다는 생각에 사로잡혔다.

세르게이는 사람들을 피해서 혼자 있으려 했지만, 옷을 입는 것과 같은 아주 간단한 일도 혼자서 할 수 없었다. 부자인 아버지는 아들을 모스크바와 유럽에 있는 유명한 의사들에게 보내 치료를 받게 했다. 그러나 조금도 나아지지 않았다. 프로이트에게 찾아왔을 때 세르게이는 여러 복잡한 증상에 시달리는 심각한 상태였다.

세르게이는 프로이트를 만나자 곧 편안함을 느꼈다. 세르게이는 프로이트의 깔끔한 옷차림, 환자를 편안하게 대하는 태도, 시간 약속을 반드시 지키는 모습, 환자의 말에 귀를 기울이면서 솔직하게 질문을 던지는 방식이 마음에 들었다.

세르게이뿐 아니라 많은 환자들이 프로이트의 매력적인 유머와 반짝이는 갈색 눈을 좋아했다. 꿰뚫어 보는 듯한 눈빛은 환자들이 솔직하게 자기 마음을 털어놓도록 만들었다.

어느 날 세르게이가 물었다.

"왜 항상 뒤에 앉아 계시는 거죠? 앞에 앉으시면 환자들이 교수님의 얼굴을 볼 수 있잖아요."

"처음부터 그랬던 건 아니라네. 환자들이 내 표정이 변하는 것을 보고 영향을 받을까 봐 얼굴이 보이지 않도록 자리를 바꾸었네. 게다가 매일 여덟 시간 동안 사람들이 자네 얼굴을 빤히 보고 있다고 상상해 보게. 그건 힘든 일이야."

날마다 프로이트의 진료실 의자 위에 누워 분석을 받다가 세르게이는 마침내 네 살 무렵에 꾸었던 꿈을 기억해 냈다.

"어느 겨울밤이었어요. 저는 침대에 누워 있었지요. 갑자기 저절로 창문이 열렸어요. 창밖에는 커다란 호두나무가 있었는데, 그 가지 위에 늑대가 여섯 마리, 아니 일곱 마리가 앉아 있었어요. 모두 하얀색이었어요. 꼬리는 여우 꼬리처럼 탐스러웠지요. 늑대들은 개처럼 귀를 쫑긋 세우고 잡아먹을 듯이 저를 빤히 바라보았어요. 저는 무서워서 비명을 지르다가 잠에서 깨어났어요. 온몸이 땀에 흠뻑 젖어 있었지요."

이 꿈 때문에 세르게이는 '늑대 인간'이라는 유명한 별명으로 불리게 되었다. 늑대 인간은 성기가 잘릴까 봐 두려워하는 '거세 공포'를 갖고 있었다. 언젠가 할아버지에게 꼬리를 잘린 늑대 이야기를 들었을 때, 꼬리와 성기를 연관시키게 되었다. 그래서 거세 공포를 극복하기 위해 꼬리가 탐스러운 늑대 꿈을 꾸게 된 것이라고 프로이트는 분석했다.

늑대 인간의 사례는 어른이 된 후에 어린 시절을 기억하고, 당시의 사건을 분석하면 자신을 훨씬 더 잘 이해할 수 있다는 것을 알려 준다. 세르게이의 꿈은 『유아기 신경증의 역사』라는 책에 '늑대 인간'의 사례로 실렸다.

프로이트는 가재나 물고기 같은 동물의 단순한 신경계가 인간

어린 시절에 입은 마음의 상처는
어른이 된 뒤의 삶에 영향을 끼친다.

의 신경계와 같은 복잡한 신경계로 진화하듯이, 어린아이는 어른으로 진화하는 것이라고 믿었다. 따라서 어린 시절의 경험이 어른이 된 다음의 심리 상태와 깊은 관계가 있다고 생각했다. 프로이트는 신경증의 원인이 어린 시절에 경험한 마음의 상처에 있다고 보았다. 그는 어린아이들의 심리에 관심이 많았으므로, 어린아이들을 주의 깊게 관찰하곤 했다.

세 가지 인격으로 이루어진 마음

어느 날 프로이트는 손자 에른스트가 실이 감겨 있는 실패를 가지고 노는 것을 지켜보고 있었다. 에른스트는 장난감이나 물건들을 방구석이나 침대 밑으로 던지는 버릇이 있었다. 그리고 그것을 도로 꺼내느라고 애쓰곤 했다.

그날도 에른스트는 실패를 커튼 옆으로 던졌다. 실패는 커튼

자락 밑으로 들어가서 눈에 보이지 않게 되었다. 그러자 에른스트는 "가, 가, 가!"라고 소리쳤다. 그러고 나서 실을 잡아당겨 실패가 다시 나타나도록 했다. 에른스트는 실패를 보더니 소리쳤다. "여기!" 프로이트는 에른스트가 실패를 사라지게 했다가 다시 나타나게 하는 놀이를 하고 있음을 깨달았다.

프로이트는 에른스트가 이런 놀이를 통해서 어머니가 곁에 없는 상황을 견디고 있다고 해석했다. 놀이의 목적은 실패를 멀리 던져 사라지게 하는 게 아니라, "여기!"를 외칠 때 실패가 나타나도록 하는 것이다. 에른스트는 자기가 가장 믿고 따르는 어머니가 사라져도 기다리면 돌아온다는 것을 놀이를 반복하면서 자신에게 일깨워 준다. 놀이를 하면서 아이는 어머니가 곁에 없는 괴로움을 잊고, 장난감을 어머니 대신으로 삼아 장난감이 다시 나타날 때마다 어머니가 다시 나타나는 것처럼 즐거워한다.

에른스트를 지켜보면서 프로이트는 사람이 자기가 원하는 것을 이루려는 행동만 하는 것은 아님을 깨달았다. 사람은 현실적으로 이루어지기 힘든 소망을 뒤로 미루거나 참기도 하며, 소망을 이루기 위해 여러 과정을 거치기도 한다는 사실을 알았다.

이러한 발견들을 바탕으로 프로이트는 사람의 마음이 세 가지 인격으로 이루어져 있다는 생각을 했다.

첫째는 본능적 쾌락을 추구하는 인격이다. 프로이트는 이것을 '이드'라고 불렀다. 이드는 논리적이지 못하고, 환상과 현실을 구별하지 못한다. 이드에 의해서만 움직이는 사람은 갓난아기처럼 자신이 원하는 것을 얻기 위해서 무엇이든 한다.

두 번째는 사람들이 평소에 자기 자신이라고 생각하는 인격이다. 프로이트는 이것을 '자아'라고 불렀다. 자아는 의식이 있고 자기 행동의 결과를 예상할 수 있다. 프로이트는 이드를 말, 자아를 말 위에 올라탄 기수로 비유했다. 말은 기수보다 힘이 세지만, 기수는 말고삐를 당겨 원하는 길로 가게 할 수 있다는 것이다.

세 번째는 '초자아'라고 부르는 인격이다. 이것은 사람들의 마음속에서 부모나 감시자 역할을 한다. 해서는 안 되는 일, 해야 할 일, 비난받을 만한 일, 금지된 일 등등을 일러 준다.

초콜릿을 아주 좋아하는 아이의 마음속을 들여다보자. 이드는 눈앞에 초콜릿이 나타나면, 열 개든 백 개든 무조건 먹고 싶어 하고, 또 먹으려 한다. 그때 초자아가 나타나 그것을 말린다.

초자아: 안 돼! 초콜릿을 너무 많이 먹으면 이가 상할 수 있어. 조금 전에 양치질했잖아.

이드: 초콜릿은 달콤하고 맛있어. 다 먹고 싶어.

초자아: 형이 먹을 것도 남겨 두어야 해. 혼자 다 먹으면 안 돼.

다
먹어!
남겨
둬!
이드
자아
초자아

형도 초콜릿 좋아하잖아. 형이 네 초콜릿을 남겨 두지 않고 다 먹어 버리면 기분이 어떻겠어?

이드: 초콜릿이 입에 들어오면 살살 녹아. 세상에 이렇게 맛있는 건 없어. 어서 먹어.

마음속에서 초자아와 이드가 끊임없이 다툰다. 초자아와 이드의 다툼은 마치 서로의 말을 알아듣지 못하는 외국인들이 말싸움을 하고 있는 것과 같다. 자아는 이드와 초자아 사이에서 양쪽의 의견에 귀를 기울이다가 현실적으로 할 수 있는 행동을 하도록 결정하는 역할을 한다. 자아는 이렇게 결정할 수 있다.

"양치질은 다시 하면 돼. 아예 다 먹어 버리면 형이 모를 거야. 다 먹어 버려야지."

아니면 형이 먹을 것을 남겨 두기 위해 더 이상 초콜릿을 먹지 않을 수도 있다. 자아는 감시하고 비판하는 초자아를 진정시킨다. 또한 무조건 즐거움만을 추구하는 이드를 통제할 수 있다. 프로이트는 말했다.

"이드는 도덕을 모르며, 자아는 도덕적이 되려고 애쓰고, 초자아는 지나치게 도덕적이면서 잔인할 수도 있다."

프로이트가 자아와 이드, 초자아를 구분하기 전에는 사람들은 마음속에서 어떤 일이 일어나는지 관심을 기울이거나 생각해 본

적이 거의 없었다. 종교를 믿는 사람들은 신과 악마가 사람들을 조종한다고 생각했을 뿐이다.

프로이트는 사람들의 마음이 같은 성질을 가진 한 덩어리가 아니라는 것을 밝혀냈다. 따라서 혼란과 갈등이 늘 있을 수밖에 없으며, 건강한 자아가 발달하지 못하면 신경증이나 정신 장애가 일어날 수 있다고 설명했다.

1923년 프로이트는 『자아와 이드』라는 책을 펴냈다. 건강하지 못한 정신뿐 아니라, 건강한 정신이 어떻게 이루어져 있는지 설명하는 책이었다.

8장

전쟁은
끔찍한 집단 정신병

인류는 얼마나 더 잔인해질까?

“사라예보에서 일어난 비극에 대해 들으셨나요?”

진료실 안으로 들어오면서 세르게이가 물었다. 그 일은 오스트리아의 황태자 페르디난트 부부가 슬라브 민족의 독립을 주장하는 민족주의자가 쏜 총에 맞아 죽었다는 소식을 말하는 것이었다. 프로이트는 걱정스런 얼굴로 고개를 끄덕였다.

“정말 슬프고 끔찍한 일이야. 페르디난트 황태자가 왕위에 올랐다면 분명히 러시아와 전쟁을 벌였을 거네.”

프로이트는 아무 생각 없이 한 말이었지만, 6주 뒤에 실제로 전쟁이 일어났다. 1차 세계 대전이었다. 오스트리아·헝가리 제국과 독일이 하나로 뭉쳤고, 그에 대항해서 세르비아와 러시아가 힘을 합쳤다. 독일이 프랑스에 대해서도 전쟁을 선포하자, 영국과 미국이 프랑스를 도왔다. 전쟁은 1914년부터 1918년까지 이어졌으며, 전 세계 25개국 이상이 참전했다.

프로이트는 정치에 별로 관심을 두지 않았으나, 처음에는 전쟁에 반대하지 않았다. 고대사에 관심이 많았던 프로이트는 전쟁이 나쁜 것만은 아니라고 생각했다. 범죄나 부도덕한 행동들을 억제하고, 충성심과 영웅적 행동, 헌신적 행동 같은 좋은 심성을 불러일으키는 역할을 한다고 믿었다.

프로이트는 세르비아에 대한 오스트리아의 태도가 용기 있는 것이라고 찬양했고, 오스트리아에 대한 독일의 지지를 환영했다. 아인슈타인 같은 과학자들과는 달리 프로이트는 평화를 위한 호소문에 서명하지 않았다. 프로이트의 세 아들은 모두 오스트리아 군대에 입대하여 전쟁터로 떠났다.

그러나 여러 나라가 서로 얽혀서 싸우는 전쟁이 여러 해 동안 길게 이어지자 프로이트의 생각도 점점 달라졌다. 기술 문명의 발달로 전쟁에 사용되는 무기도 발달했다. 과거의 전쟁과는 달리 훨씬 더 잔인하고 끔찍한 일들이 벌어졌다. 비행기는 사람들 머리 위에서 폭탄을 떨어뜨렸고, 먼 거리까지 포를 쏠 수 있는 탱크가 동원되었다. 기관총과 독가스도 사용되었다. 잠수함은 물속에서 어뢰를 쏘아 배를 침몰시켰다. 상상할 수 없을 만큼 많은 사람들이 한꺼번에 목숨을 잃었다. 20분 만에 참호 속에 있던 병사 오천 명이 몰살당하는 경우도 있었다.

프로이트의 동료이기도 한 젊은 의사들은 전쟁터에 나가 환자들을 돌봐야 했다. 진료실 의자에 누워 있는 환자들과 대화를 나누며 꿈속의 일이나 어린 시절의 기억을 탐색해서 신경증의 원인을 찾는 것은 이제 너무 한가로운 일처럼 느껴졌다.

"머리 위로 폭탄이 떨어지고 사방에서 귀청이 떨어질 것 같은 총소리가 들렸어요. 심장이 터질 것처럼 두근거리면서 주위에 있는 모든 것들이 천천히 움직였어요. 머릿속은 하얗게 변해서 아무 생각도 나지 않았지요. 총알이 빗발치듯 쏟아지는데도 손가락 하나 까딱할 수 없었어요. 전투가 끝난 뒤에도 한동안 그저 숨만 몰아쉬며 아무 생각도 못한 채 벌벌 떨고 있었지요."

처음 전투에 참여한 군인들 대부분은 이런 경험을 했다. 의사들은 이런 증상을 '포탄 충격 증후군'이라고 불렀다. 그들 모두는 살아남은 뒤에도 매일 불안과 공포에 시달렸다. 평생 끔찍한 기억들을 잊지 못할 것이며, 똑같은 악몽을 되풀이해서 꾸는 경험

> 전투에 참여한 군인들은 살아남은 뒤에도
> 매일 불안과 공포에 시달렸다.

을 하게 될지도 몰랐다.

프로이트를 찾는 환자들의 숫자는 점점 줄어들었고, 진료실은 비어 있는 시간이 더 많았다. 환자가 없으니 당연히 돈을 벌지 못했다. 먹을 것이 부족했고 땔감도 없었다. 오랫동안 고기를 먹지 못해서 자주 피곤하고 기운이 없었다. 서재의 난로에 넣을 석탄이 없는 탓에 손가락이 얼어서 글을 쓸 수 없을 지경이었다.

그럼에도 프로이트는 일에 몰두했다. 우울증과 신경증에 대한 책을 썼고, 1915년에는『전쟁과 죽음에 대한 고찰』을 펴냈다. 프로이트는 전쟁이야말로 이성이 지배하는 게 아니라 이드의 충동, 싸우고 죽이려는 본능이 미쳐 날뛰는 현장이라고 생각했다. 프로이트는 다음과 같이 썼다.

"세계는 결코 다시 행복한 곳이 될 수 없을 것이다. 가장 슬픈 일은 정신 분석학에서 우리가 예상했던 그대로 사람들이 행동한다는 점이다."

전쟁이 길어질수록 프로이트와 그의 아내는 밤낮없이 전쟁터에 나가 있는 세 아들을 걱정했다. 원래 꿈을 많이 꾸는 사람이었던 프로이트는 거의 매일 밤 세 아들이 나오는 꿈을 꿨다. 어느 날 그는 꿈에서 맏아들 마르틴이 죽는 모습을 보았다. 며칠 뒤 러시아 전선에 나가 있던 마르틴으로부터 편지 한 통이 날아왔다. 프로이트가 꿈을 꾼 바로 그날, 마르틴이 팔에 가벼운 부상을 당했다는 소식이 들어 있었다. 이 때문에 프로이트는 정신의 신비한 면에 대한 연구가 필요할지도 모른다는 생각을 했다.

그러나 전쟁이라는 끔찍한 경험은 개개인이 지닌 정신의 이상한 면보다는 인류 전체가 얼마나 더 잔인해지고 부도덕해질 것인지에 대한 걱정을 하게 만들었다. 프로이트에게 전쟁은 집단 정신병으로 보였다.

그 아이가 사무치게 그립다

마침내 1918년에 오스트리아는 영국과 미국, 러시아의 연합군에게 항복하고 휴전 협정을 맺었다. 오스트리아 제국은 몇 개의 나라로 나뉘었다. 형편은 더욱 어려워졌다. 석탄도 석유도 양초도 없었다. 식량은 더욱 모자라서 우유도 고기도 감자도 없었다.

프로이트는 매일 묽은 채소 수프로 점심을 때우고, 내복에 코트를 걸치고 두꺼운 양말을 신은 채, 입김이 나올 정도로 추운 서재에서 편지를 썼다.

"귀사에서 발행하는 잡지에 실을 논문의 원고료 대신 감자를 지급해 주시기 바랍니다."

"아이들은 오래전부터 배고픔에 시달리고 있네. 빈에서는 오래전부터 과일을 구할 수가 없어. 손님으로 초대받아 갔던 어느 연회에서는 겨우 청어 통조림을 먹었을 뿐이야. 내 장화는 오래전부터 이미 솔기가 터졌지만, 돈이 있어도 새 장화를 구하기가 힘드네."

"인플레 덕분에 우리 모두가 가지고 있던 저축의 95%를 날려버렸네. 다행히 나는 미국인 환자들을 받기 시작해서 달러를 벌고 있네. 그들은 모두 영어를 사용하기 때문에 내가 잘 알아듣고 있는지 걱정이 돼."

프로이트는 가족들을 위해 망설이거나 지칠 새도 없이 여기저기 편지를 썼다. 마침내 세계 각국에서 친구들과 친척들이 먹을 것과 생필품이 든 소포들을 보내 주었다. 콘비프, 코코아, 차, 초콜릿 그리고 양복을 지을 수 있는 고급 옷감 같은 것들이었다. 프로이트가 가장 반겼던 것은 일을 할 때 꼭 필요한 시가였다. 전쟁

전에는 하루 스무 개나 피웠던 것이었다.

전쟁에 나갔던 프로이트의 세 아들은 무사히 집으로 돌아왔다. 그러나 이 시기에 프로이트가 매우 사랑했던 사람들 여러 명이 세상을 떠났다. 가장 가슴 아팠던 것은 딸 조피의 죽음이었다. 조피는 전쟁 기간 동안 제대로 먹지 못해 쇠약해진 몸으로 세 번째 아이를 임신하고 있었다. 그러다가 유행성 독감과 폐렴이 겹쳐 세상을 떠났다. 프로이트가 '일요일의 아이'라고 부르며 가장 사랑했던 딸이었다.

전쟁 후의 혼란스러운 상황 때문에 프로이트와 그의 부인은 함부르크에 있는 사위와 두 손자에게 갈 수 없었다. 기차가 다니지 않았던 것이다. 자신을 위로하기 위해 방문한 친구에게 프로이트는 이렇게 말했다.

"조피는 여섯 살과 13개월 된 아들 둘과 남편을 남기고 세상을 떠났네. 그 애 남편은 7년 동안의 행복만큼 큰 슬픔을 맛보아야 하겠지. 전쟁, 침략, 질병, 가난을 겪었지만, 그 애들은 늘 용감하고 명랑했지. 이제 내일이면 일요일에 태어난 가엾은 내 딸을 화장하네."

프로이트와 그의 부인은 큰 충격을 받았으며 오랜 세월 동안 슬픔을 벗어날 수 없었다. 십여 년이 흐른 뒤 진료를 받던 어느 환자가 세계 대전의 마지막 해에 독감이 유행했다는 이야기를 했다. 그러자 프로이트가 대답했다.

"그해 사랑하는 딸을 독감으로 잃었어요. 그래서 그 지독한 전염병을 잊을 수가 없군요."

프로이트는 시곗줄에 연결된 작은 로켓을 보여 주면서 말을 이었다.

"그 아이는 지금 이 속에 있어요."

그러나 사랑하는 가족의 죽음이라는 비극은 그것으로 끝난 게 아니었다. 몇 년 뒤 프로이트의 입천장에서 혹이 발견되었다. 그 무렵, 죽은 딸 조피의 막내아들 하이넬레가 맏딸 마틸데의 집에 머무르고 있었다. 프로이트가 간단한 혹 제거 수술을 받고 집으로 돌아오자 사랑스러운 손자가 말했다.

"나는 벌써 빵 껍질도 먹을 수 있어요. 할아버지도 그래요?"

아이는 막 편도선 수술을 받은 직후였다. 네 살밖에 되지 않은 하이넬레는 결핵을 앓고 있었다. 너무나 작고 말라서 눈과 머리카락과 뼈밖에 없었다. 아이는 영리하고 사랑스러웠다. 프로이트의 가족 전체가 아이를 보살피고 소중하게 여겼다. 그러나 결국 아이는 세상을 떠났다.

"항상 입속이 아프고 문득문득 사랑하는 그 아이가 사무치게

그립다."

잔인하고 끔찍한 전쟁을 겪고 사랑하는 사람들이 죽는 것을 경험하면서 프로이트는 죽음에 대해 관심을 갖기 시작했다. 그는 살아 있는 것에는 다시 죽고 싶어 하는 본능이 있다고 하면서 그것을 '죽음 본능'이라고 불렀다. 사람에게는 즐거움을 추구하는 본능만 있는 것이 아니라, 죽고 싶어 하는 본능이 있다는 것이다. 뿐만 아니라 다른 사람을 해치고 고통스럽게 하며 스스로도 고통을 겪고 싶어 하는 본능이 있다고 보았다.

9장

나의 안티고네, 안나

삼십여 차례의 수술을 견디다

"입천장에 무엇인가 생겼어. 입안이 엉망이야."

프로이트의 입안을 들여다보던 담당 의사가 물었다.

"언제부터 이러셨어요? 종양이 생겼어요."

"사실은 꽤 오래됐어. 부었다가 가라앉아서 그냥 두었는데 점점 통증이 심해지면서 다시 붓더군."

"담배를 끊으셔야 해요."

"담배를 끊느니 품위 있게 세상에서 사라지고 싶어."

"왜 그런 말씀을 하세요? 우선 종양을 제거해야겠어요. 간단한 수술이니 입원도 필요 없을 거예요."

프로이트는 가족들에게 아무 말도 하지 않고 수술을 받았다. 그러나 간단하게 끝날 것이라고 예상했던 수술 결과가 그다지 좋지 않았다.

아내 마르타와 막내딸 안나는 프로이트가 병원에서 하룻밤을 지내야 한다는 연락을 받고 필요한 물건들을 갖고 달려왔다. 당황한 상태로 병원에 도착한 두 사람은 더욱 놀랐다. 마취가 풀리지 않은 상태인 프로이트가 병원 주방에 앉아 피를 뱉고 있었다. 그런데도 간호사들은 면회 시간이 아니라면서 마르타와 안나를 집으로 돌려보냈다.

딸과 아내가 돌아간 뒤, 프로이트는 임시로 마련된 입원실 침대에 누워 있었다. 방에는 진료를 기다리고 있던 왜소증 환자만 있었다. 프로이트의 수술 부위에서 다시 피가 흘러나왔다. 프로이트는 비상벨을 누르려 했지만, 고장이 난 상태였다. 그러자 왜소증 환자가 달려 나가 간호사를 불렀고 프로이트는 죽을 고비를 넘겼다.

"어떻게 이럴 수가 있죠? 아버지는 출혈이 너무 심해서 하마터면 죽을 뻔했다면서요. 환자를 이렇게 방치해도 되는 건가요?"

다시 병원에 달려온 안나가 간호사들에게 항의를 했다.

"정말 죄송해요. 이런 일이 생길 줄 몰랐어요."

간호사들은 안나에게 편안한 의자와 블랙커피를 갖다 주면서 미안해했다. 안나는 밤을 새워 아버지를 간호했다. 다음 날 아침 출혈이 멎고 통증이 진정된 뒤, 프로이트는 집으로 돌아갔다.

프로이트는 걱정하는 주위 사람들을 안심시키기 위해 자신이 다시 음식을 먹고 일도 할 수 있으며, 담배도 피울 수 있다고 말했다. 그러나 프로이트는 자신의 병이 심각하다는 사실을 어렴풋이 눈치채고 있었다. 의사는 프로이트에게 다시 한 번 수술을 해야 한다고 알렸다.

두 번째 수술을 받기 전, 프로이트는 안나와 함께 로마로 여행을 떠나기로 했다. 두 사람은 베로나에서 기차를 타고 로마로 향했다.

"로마는 나에게 매우 특별한 곳이란다. 이번 여행이 일곱 번째야. 처음에는 네 삼촌 알렉산더와 함께 이곳에 왔지. 알다시피 네 이모와 온 적도 있었고, 페렌치와 함께 여행한 적도 있었어."

"어느 여행이 가장 기억에 남으세요?"

"십여 년 전 9월에 늦은 여름휴가를 왔었지. 그때 나는 3주 내내 매일 아침마다 산 피에트로 인 빈콜리 성당 안에 있는 미켈란젤로의 모세상을 보러 갔어. 그리고 의자에 앉아 몇 시간이고 바

모세상 속에는
변함없이 존재하는
무엇인가가 드러나
있지.
아버지!
진실의 입에
손을 넣어 보세요!

라보았어. 그 속에는 변함없이 존재하는 무엇인가가 드러나 있었어. 모세가 영원히 그 자리에 앉아 있는 것 같았지. 그 느낌이 잊히지 않는구나."

프로이트와 안나는 로마에 도착하자마자 모세상을 보러 갔다. 또 시스티나 성당에서 미켈란젤로의 천지 창조를 보았으며, 진실의 입속에 차례로 손을 집어넣으며 웃음을 터뜨렸다. 트레비 분수에 동전을 던지고, 노천카페에 나란히 앉아 친구들에게 엽서를 썼다. 프로이트는 로마를 일곱 번째 방문한 것이었으며, 마지막 여행이기도 했다.

로마 여행에서 돌아오자 좋지 않은 소식이 기다리고 있었다. 첫 번째 수술 결과 프로이트의 종양이 구강암임이 밝혀졌다. 여행에서 돌아온 지 며칠 만에 두 번째 수술을 받았다. 오른쪽 턱위 대부분과 오른쪽 입천장 그리고 뺨과 혀 일부분을 잘라 냈다.

프로이트에게 고통스러운 시간이 시작되었다. 턱과 입안을 많이 잘라 냈기 때문에 음식물을 제대로 씹어 삼키고 말을 잘하려면 인공 보정 장치를 달아야 했다. 철사로 만들어진 보정 장치는 불편하고 압박이 심했다.

"말하는 것은 예전만 못하지만 그래도 나아질 것이다. 복잡하고 불편하기는 하지만 음식을 씹고 삼킬 수도 있다. 그러나 내가 힘든 수술을 받으면서도 프로이트는 계속 환자를 받았고, 책을 쓰기 위해 아스피린 외에는 진통제를 먹지 않았다.

밥을 먹을 때 지켜보는 사람이 있는 것은 견딜 수 없다."

이후로 세상을 떠나기 전까지 16년 동안 프로이트는 삼십여 차례나 수술을 더 받아야 했다. 암을 제거하는 수술을 다시 받을 때마다 보정 장치를 다른 것으로 바꿔 끼워야 했다. 그러면 새 보정 장치에 익숙해질 때까지 다시 말하고 먹고 담배 피는 일을 연습했다. 프로이트는 이 장치를 '괴물'이라고 불렀다. 그토록 고통스러운 과정이었다. 입안에는 늘 상처가 아물 날이 없었으며 지독한 냄새가 났다. 프로이트가 진료실에서 환자들을 만날 때 늘 발치에 앉아 있던 애견 조피가 곁에 다가오지 않으려 했다.

매우 고통스러웠음에도 프로이트는 계속 환자를 받고, 책 쓰는 일을 계속하기 위해 아스피린 외에 진통제는 사용하지 않았다. 고통을 견디는 그의 힘은 영웅적인 것이었다. 그리고 그의 곁에는 늘 안나가 있었다.

죽음 앞에서 함께 싸워 준 동지

안나는 늘 프로이트에게 사랑스럽고 흥미로운 딸이었다. 프로이트는 안나가 지식에 대한 욕심이 많고 두 언니들과 달리 결혼해서 평범한 여자로 살아가는 것에 만족하지 않으리라는 것을 이미 알고 있었다.

어렸을 때부터 안나는 아버지의 관심과 인정을 받고자 하는 욕심이 남달랐다. 아버지의 글을 읽고 싶어 했고, 아버지의 서재 밖에서 아버지가 손님들과 토론하는 내용에 귀를 기울이곤 했다. 프로이트의 자녀들 가운데 아버지가 하는 일에 관심과 재능을 보인 것은 안나뿐이었다.

안나는 교사 훈련을 받은 뒤 교사 자격증을 땄고 스무 살 무렵에는 여학교 교사로 일한 적도 있었다. 그렇지만 아버지의 책을 계속 읽으면서 정신 분석가가 되겠다는 결심을 했다. 처음 수술을 받은 프로이트를 밤새 병실에서 간호했던 그날 이후, 안나는 아버지가 세상을 떠날 때까지 보호자 겸 간호사 역할을 했다. 프로이트와 함께 여행을 다니고, 크고 작은 일들을 처리했으며, 일을 돕거나 강연을 대신했다.

이제 안나는 단순히 사랑스러운 딸이 아니라 프로이트에게 없어서는 안 되는 사람이 되었다. 안나는 프로이트가 날마다 보정 장치를 풀어서 씻고 다시 끼우는 것을 도왔다. 이것은 복잡하고 힘든 일이었다. 안나가 보정 장치를 닦는 동안 프로이트는 의자에 앉아 딸을 바라보고 있었다.

'재능이 넘치고 사랑스런 저 아이가 늙고 병든 아버지를 보살피면서 젊은 날을 보내야 하다니. 어서 결혼을 해야 할 텐데. 하지만 안나가 없으면 나는 버텨 낼 수 없을 것 같구나.'

프로이트는 참을성이 많은 환자였다. 고통을 호소하거나 불평을 늘어놓는 일이 없었다. 의지가 강하고 지기 싫어하는 성격은 병과 싸울 때도 여전했다. 그는 암과 싸우면서도 환자들을 만나 분석하는 일을 그만두지 않았다.

아버지에게 분석을 받은 뒤 안나 또한 전문적인 정신 분석가로 활동하기 시작했다. 그녀는 자기 꿈을 분석했고, 아버지가 새로 쓰는 글을 맨 처음 읽어 볼 수 있는 사람이 되었다. 정신 분석 모임에 참석했으며 아동 심리에 대해 연구했다. 또한 다른 사람들의 꿈을 분석하기도 했다.

안나는 정신분석학회에 들어가기 위해 논문을 썼고, 그것을 발표했다. 안나는 정신분석학회의 정식 회원이 되었다. 프로이트는 안나를 의지했고 또 자랑스러워했다. 동시에 안나가 결혼을 하지 않는 것에 대해 걱정스러워했다. 프로이트는 동생에게 보내는 편지에 이렇게 썼다.

"우리는 당연히 그 아이를 자랑스러워해야 해. 그 아이는 아동분석가가 되어 개구쟁이 미국 아이들을 치료하면서 큰돈을 벌고 있거든. 또 너그럽게도 그 돈을 가난한 사람들을 돕는 데 쓰고 있지. 그 아이는 국제정신분석학회 회원이야. 글을 잘 쓴다는 평판을 얻었고, 동료들의 존경도 받고 있지. 다만 이제 서른 살이 되었는데도 결혼하고 싶은 마음이 없는 것처럼 보이는구나. 내가 죽고 나면 그 아이는 어떻게 될까? 아버지 없이도 행복하게 살 수 있을까?"

프로이트는 안나를 '나의 안티고네'라고 부르곤 했다. 안티고네는 오이디푸스의 딸이었다. 또한 오이디푸스의 용감하고 충성스런 동지이기도 했다. 장님이 된 아버지의 손을 잡고 길을 안내해 주던 딸이었다. 오이디푸스는 프로이트에게 많은 의미를 지닌 사람이었다. 안나 역시 안티고네처럼 아버지의 고통스러운 투병 생활 내내 죽음에 대항해서 함께 싸워 준 동지 역할을 했다.

10장

정신의 혁명가 프로이트

정신 분석가가 되어 큰돈을 벌고 싶나요?

뜻밖에도 전쟁 덕분에 정신 분석과 심리학은 더 큰 관심을 얻게 되었다. 전쟁터에서 돌아온 많은 병사들이 이상한 증세를 보였다. 여전히 전쟁터에 있는 것처럼 총소리와 악몽에 시달렸다. 정상적인 일상생활을 할 수 없을 지경이었다.

의사들은 이러한 증상을 치료하기 위한 방법을 찾다가 프로이트의 대화 치료가 효과가 있음을 발견했다. 참혹한 전쟁터에서 겪은 두려움과 불안 같은 충격을 억누르다 마음에 상처를 입은 사람들에게 그것을 말하게 하면서 드러낼 기회를 주었다. 그러자 환자들은 다시 살아갈 힘을 얻었다. 마침내 프로이트의 정신 분석을 많은 사람들이 신뢰하기 시작했다.

프로이트는 이제 유명한 사람이 되었다. 프로이트 스스로 정신 분석이 인류에게 준 충격은 코페르니쿠스의 지동설과 다윈의 진화론에 버금간다고 말한 적이 있었다.

코페르니쿠스는 지구가 우주의 중심이 아니라는 사실을 밝혔고, 다윈은 인류의 조상이 동물의 조상과 다르지 않음을 발견했다. 프로이트의 정신 분석은 인간의 정신이 무의식과 충동적 본능에 더 많이 지배당하고 있다고 설명했다. 이러한 내용은 세상 사람들이 받아들이기 불편한 것이기도 했다.

정신 분석을 제대로 이해하는 사람도 드물었다. 사람들은 프로이트가 모든 것을 성적 욕구로 설명하려 했다거나, 성에 관한 이야기나 표현을 드러내 놓고 하도록 허용하는 것이라고 오해했다. 종교 지도자들은 프로이트가 사람들을 타락시킨다고 비난했다.

그 무렵 미국 전체를 떠들썩하게 만든 범죄 사건이 있었다. 교육을 잘 받은 부유한 젊은이들이 단순히 사는 게 지루하고 재미없다는 이유로 살인을 저질렀다. 이들의 변호사는 이 세상에 아무 원인 없이 일어나는 일은 없다고 하면서 정신 착란 때문에 일으킨 범죄라고 주장했다. 그러나 증명할 길이 없었다.

시카고에서 발행되는 유명한 신문의 편집인이 아이디어를 냈다. 프로이트를 데려와 정신 분석을 해서 정말로 그들이 정신 착란을 일으킨 것인지 알아보자는 것이었다. 신문 발행인은 프로이트에게 나이가 많고 암과 싸우고 있음을 고려해서 많은 사례금을 주겠다고 제안했다. 프로이트는 당연히 그 제안을 거절했다.

할리우드의 유명한 영화 제작자가 시나리오를 써 달라는 부탁을 하기도 했다. 환자들로부터 비밀스런 이야기를 많이 들었을 테니 흥미로운 연애 이야기를 쓸 수 있을 것이라는 생각에서였다. 영화 제작자는 십만 달러라는 엄청난 돈을 주겠다고 했으나, 프로이트는 단호히 거절했다. 그는 이렇게 썼다.

"영국과 미국에서 반갑지 않은 떠들썩한 호들갑이 벌어지고 있다."

프로이트는 정신 분석에 대해 사람들이 관심 갖는 것 자체를 싫어한 것은 아니었다. 그는 자신이 정신의 과학에 혁명적인 기여를 했음을 주장했고 그것을 인정받고 싶어 했다. 그러나 너무 간단한 요약으로 정신 분석을 오해하게 만드는 신문 기사, 그의 건강에 관련된 소문들, 쓸데없는 질문으로 가득 찬 수백 통의 편지들은 그를 지치게 만들었다. 정말 중요한 일을 할 시간을 빼앗았고, 정신 분석을 가벼운 유행으로 끌어내리는 일들이었다.

이러한 호들갑 가운데 프로이트와 그 주위 사람들을 가장 불쾌하게 만든 것은 가짜 정신 분석가들이었다. 대부분 돌팔이 의사이거나 사기꾼들이었다. 영국의 어느 신문에는 다음과 같은 광고가 실리기도 했다.

'정신 분석가가 되어 1년에 천 파운드를 벌고 싶으세요? 그 방법을 가르쳐 드립니다. 8개 강좌를 우편으로 보내 드리며 한 강좌 당 4기니(4.2파운드)! 기회를 잡으십시오!'

이것은 그 무렵 정신 분석이 얼마나 대유행이었는지 보여 주는 것이기도 했다. 프로이트가 쓴 깊이 있고 어려운 책 『쾌락 원칙을 넘어서』나 『자아와 이드』의 내용을 이해할 수 있는 사람들은 거의 없었다. 그러나 사람들은 누군가 말실수를 할 때마다 프로이트의 이름을 들먹였고, 오이디푸스 콤플렉스라는 단어를 입에 올렸다.

마리 보나파르트 공주와의 만남

미국과 유럽에서는 많은 사람들이 정신 분석을 받고 싶어 했다. 덕분에 런던과 뉴욕에서 많은 정신 분석의들이 개업을 했다. 프로이트에게 직접 분석을 받고 싶어 하는 사람들도 있었다. 그 가운데는 유럽 왕족인 마리 보나파르트 공주도 있었다.

그녀는 나폴레옹의 동생 뤼시앵의 증손녀이면서 그리스 왕의 동생이며 덴마크 왕족이기도 한 게오르기오스 왕자의 부인이었다. 그럼에도 그녀는 왕족들의 전통적이면서 형식적인 사교 생활을 지루해하는 자유분방하고 지성적인 사람이었다.

프로이트를 처음 만났을 때 공주는 강박 신경증에 걸렸다는 진단을 받은 상태였다. 공주는 프로이트에게 분석을 받고 싶어 했다. 프로이트는 공주의 대단한 신분에 별로 영향을 받지 않은 듯, 여러 가지 까다로운 조건을 내걸었다. 마침내 공주는 직접 프로이트를 만나러 왔다. 프로이트는 공주와 만난 뒤, 친구에게 이렇게 편지를 썼다.

“날마다 두 시간씩 공주를 분석하고 있네. 공주는 매우 뛰어난 여성이며, 반 이상은 남성이나 마찬가지네.”

프로이트는 공주를 완전히 치료할 수는 없었다. 그러나 공주와 프로이트는 가족처럼 가까운 친구가 되었다. 공주는 프랑스로 돌아가 정신 분석이 널리 알려지도록 활동했으며, 정신 분석에 대한 논문을 쓰기도 했다. 경제적으로도 많은 지원을 쏟아, 정신 분석 출판사가 계속 책을 낼 수 있도록 도와주었다.

공주는 또한 유능한 젊은 의사 슈르 박사를 프로이트에게 소개

공주는
'힘이 넘치는 악마'
군요.
교수님은
'수수께끼를 푸는 사람'
이에요.

해 주었다. 프로이트는 첫 수술을 받을 때 자신이 구강암이라는 사실을 숨겼던 의사와 결별한 뒤 주치의를 따로 두고 있지 않았다. 프로이트는 슈르가 너무 젊어서 망설였지만 그가 정신 분석에 관심이 많다는 이야기를 듣고 만나 보기로 했다. 프로이트는 슈르가 마음에 들었다.

"두 가지를 확실히 하고 싶네. 나는 항상 진실을 듣고 싶을 뿐, 그 이외의 것은 듣지 않을 걸세. 그리고 또 한 가지, 만약 더 이상 치료가 안 된다는 생각이 들 때는 나를 불필요하게 괴롭혀서는 안 되네. 약속해 주게."

슈르는 프로이트의 말을 이해했다. 그리고 프로이트의 마지막 순간에 약속을 지켰다.

프로이트 역시 마리 보나파르트 공주를 매우 아꼈으며, '힘이 넘치는 악마'라는 다정한 별명으로 불렀다. 두 사람은 아버지와 딸처럼 속내를 털어놓는 대화를 나누었다.

"저는 요즘 무의식과 시간에 대한 문제를 고민하고 있어요."

"그건 어려운 문제예요, 시간과 공간은 여전히 저에게 신비로 남아 있어요."

프로이트는 공주가 선물로 가져온 골동품을 만지작거리며 말을 이었다.

"풀지 못할 수수께끼가 있을 때마다 자주 꾸는 꿈이 있어요. 꿈속에서 나는 조각상들로 꾸며진 야외 술집 문 앞에 서 있어요. 그렇지만 문이 열리지 않아 되돌아가야 해요. 사실은 동생 알렉산더와 처음으로 이탈리아 여행을 갔을 때 비슷한 일이 있었어요. 파도바의 어느 동굴 문이 꿈에서 본 술집 문처럼 생겼던 것 같아요. 그때도 문이 잠겨서 동굴 안으로 들어가지 못했어요. 그 뒤 파도바에 다시 갔을 때는 동굴 안으로 들어갈 수 있었답니다."

"교수님은 문을 열어야 하는 사람이군요! 오이디푸스처럼 아무도 풀지 못한 수수께끼를 푸는 사람, 어둠에 덮여 있는 진실을 밝은 곳으로 끌어내야 하는 사람이에요."

프로이트는 미소를 지었다. 마리 보나파르트 공주와의 친밀한 관계는 프로이트가 세상을 떠날 때까지 이어졌다.

작은 고향 마을을 늘 그리워하다

1921년 프로이트는 네덜란드 정신 의학 및 신경 학회의 명예 회원으로 임명되었다. 프로이트는 기뻤다. 미국의 클라크 대학에서 명예 박사 학위를 받은 뒤 공식적인 인정을 받은 것은 처음이었

기 때문이다.

그 무렵 프로이트가 은근히 기대하고 있던 일이 있었다. 노벨상 수상이었다. 프로이트의 이름은 1920년대 초부터 끊임없이 노벨상 후보에 오르내리고 있었다. 그러나 스웨덴 학술원이 도움말을 부탁한 권위 있는 정신 의학자가 프로이트를 사기꾼이며 위험한 인물이라고 평가를 내렸다. 프로이트는 1930년 11월에 다음과 같은 메모를 남겼다.

"노벨상 탈락 확실."

그러나 잔뜩 찌푸린 하늘에 햇살이 비치듯, 반가운 소식도 있었다. 프랑크푸르트 시에서 프로이트에게 괴테 상을 수여하겠다는 연락이 왔다. 상장에는 다음과 같이 씌어 있었다.

"지크문트 프로이트는 자연 과학의 엄격한 방법으로 상상력이 풍부한 작가들이 써낸 비유를 대담하게 해석하여, 영혼을 움직이는 힘에 다가가는 길을 열었다. 그 결과 문화라는 형식이 어떻게 나타나고 이루어지는지 알아냈고, 그 병을 치료할 가능성을 찾아냈다. 정신 분석은 의학만이 아니라 예술가와 종교가, 역사가와 교육자의 정신세계에도 자극을 주고 풍요를 안겨 주었다."

프로이트는 자신이 사랑하던 괴테의 이름이 붙은 상을 받게 되어 매우 기뻤다. 프로이트는 짤막하지만 품위 있는 수상 연설을

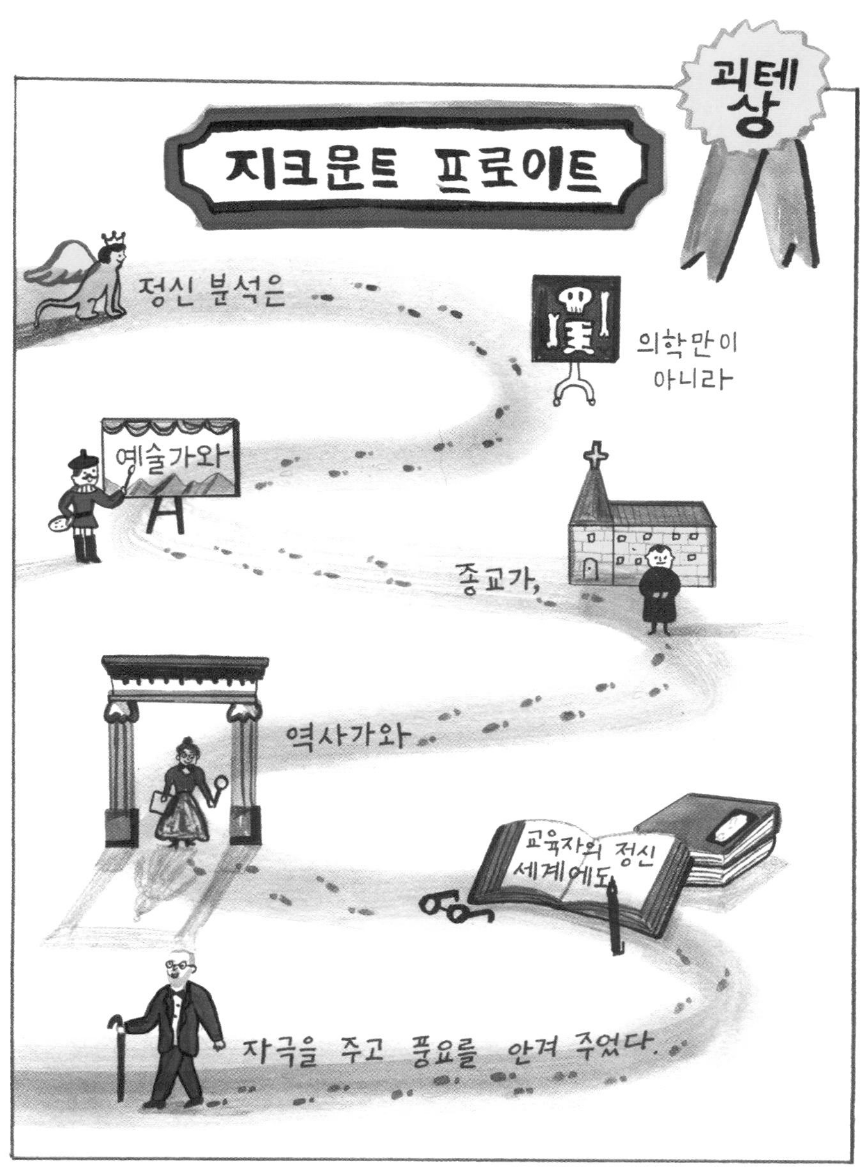
괴테상
지크문트 프로이트
정신 분석은
의학만이
아니라
예술가와
종교가,
역사가와
교육자의 정신
세계에도
자극을 주고 풍요를 안겨 주었다.

썼다. 그러나 건강이 좋지 않아 시상식에는 안나가 대신 참여해 수상 연설을 읽었다.

"안나! 이리 와 봐. 프라이베르크에서 초대장을 보냈어."

프로이트가 부르는 소리에 안나가 서재로 달려왔다.

"무슨 초대장이에요?"

"프라이베르크의 고향 집에 내 이름을 새긴 명판을 만드는데 그 제막식에 와 달라는 초대장이야. 너도 알다시피 나는 그곳에서 태어나서 세 살 때 떠나왔지. 그 뒤로는 김나지움을 졸업하던 해에 단 한 번 그곳에 가 봤어. 건강이 허락한다면 꼭 참석하고 싶구나."

"아, 정말 기쁜 일이에요. 명예로운 일이고요. 하지만 아버지가 프라이베르크까지 가는 것은 무리예요."

"네가 대신 가렴. 마르틴도 부르고. 알렉산더 삼촌도 가고 싶어 할 거다. 그곳에서 태어났으니까. 또 누가 가면 좋을까?"

1931년 10월 25일 작은 도시 프라이베르크는 알록달록한 깃발들로 뒤덮여 축제 분위기에 휩싸였다. 프로이트가 태어난 집에서 그를 기념하는 명판 제막식이 열리는 날이었다.

프로이트는 그 일을 매우 기뻐했으며 명예롭게 여겼다. 건강이 좋지 않아 제막식에 직접 참여할 수는 없었으나, 그즈음 늘 그랬

듯이 안나가 아버지의 연설문을 대신 읽었다. 그 속에는 세 살 때 떠나온 작은 고향 마을을 늘 그리워하던 프로이트의 마음이 들어 있었다.

"다른 것들로 켜켜이 덮여 있기는 하지만 내 안 깊은 곳에는 여전히 프라이베르크의 행복한 아이가 살고 있습니다. 젊은 어머니의 첫아들로 태어난 그 아이는 그 공기, 그 땅으로부터 지울 수 없는 첫인상을 받았지요."

프로이트와 정신 분석은 의학뿐 아니라 사회의 모든 분야로 파고들어 점점 더 큰 영향력을 미치게 되었다.

오늘날에는 사람들이 하는 행동이나 말 뒤에 숨은 의미나 소망이 있으며, 성적 욕구가 사람들이 하는 일의 중요한 동기가 될 수 있다는 것을 당연히 받아들인다. 심리적 장애나 문제 때문에 신체적 질병이 나타날 수 있으며, 어린 시절에 입은 마음의 상처가 어른이 된 뒤의 삶에 영향을 준다는 것도 알고 있다. 이 모든 것은 프로이트가 사람의 마음이 어떻게 움직이며 어떻게 이루어졌는지 탐구한 덕분이었다.

11장

히틀러와 함께 미쳐 가는 세상

프로이트의 책들을 불태우다

1933년 5월 베를린의 오페라 광장에 커다란 불꽃이 치솟았다. 흥분한 대학생들과 교수들이 횃불을 들고 불꽃 속으로 책들을 던져 넣었다. 하인리히 하이네, 칼 마르크스, 에리히 케스트너, 프란츠 카프카 같은 유대 인 저자들의 책이었다. 백 년 동안 독일 정신을 이끌어 온 사람들이기도 했다.

대학생들과 교수들 주위를 둘러싼 나치 돌격대와 나치 친위대의 행진곡이 울려 퍼졌다. 그러자 누군가 소리쳤다.

"인간 정신의 고귀함을 위해! 지크문트 프로이트의 책들을 불꽃 속에 던지자!"

독일의 모든 대도시에서 책들을 불태웠다. 1933년 히틀러가 독일의 총리가 된 뒤 유대 인에 대한 차별과 박해는 노골적으로 진행되었다.

"세상이 미쳐 가고 있군. 도대체 우리가 이룬 발전이라는 게 뭐지? 물론 지금이 중세였다면 내 책만 불태우는 게 아니라 나까지 불태웠겠지!"

프로이트는 한탄했다. 프로이트의 자녀들과 친지들은 위험이 다가오는 것을 느끼고 전 세계로 흩어졌다. 아들 올리버는 가족과 함께 프랑스로, 에른스트는 영국으로 갔다. 몇몇 유대 인 친구와 제자들은 팔레스타인으로 떠났다.

"교수님, 어서 빨리 오스트리아를 떠나셔야 합니다. 무슨 일이 일어날지 몰라요."

동료들과 제자들의 간곡한 당부에도 불구하고 프로이트는 빈에 머물렀다.

"생명에 직접적인 위험이 없는 한 나는 빈을 떠날 생각이 없어. 이런 건강 상태로 얼마나 멀리 갈 수 있겠나? 게다가 난 이곳에서 평생을 살아왔어."

프로이트는 유대 인을 향한 증오심이나 반유대주의는 짧은 유

지금이 중세였다면
내 책만 불태우는 게 아니라
나까지 불태웠겠지!

행일 것이라고 생각했다. 국경 너머 독일에서 어떤 심각한 일이 일어난다고 해도 오스트리아까지 영향을 미치지는 않을 것이라고 믿었다.

그러나 오스트리아의 상황은 그다지 좋지 않았다. 1차 세계 대전의 패전국이 된 이후로 정치적으로도 안정을 찾지 못했고, 경제적 상황은 더욱 안 좋았다. 빈에서는 경찰과 시위대가 충돌해서 89명이 사망하는 일이 벌어지기도 했다.

1929년 검은 화요일에 뉴욕 주식 시장이 무너지면서 시작된 대공황으로 은행들이 차례로 파산했다. 공장은 문을 닫았고 사람들은 일자리를 잃었다. 프로이트는 외국인 제자들이 내는 상담료 덕분에 경제적으로 여유가 있었다. 그러나 가족들 가운데는 일자리를 잃은 사람들이 있었다.

다행히 프로이트의 세 아들은 직업이 있었고 가족들을 먹여 살릴 수 있었다. 그러나 사위들은 그렇지 못했다. 프로이트는 예전처럼 환자들을 많이 진료하지는 않았지만, 꽤 비싼 상담료를 미국 달러로 받고 있었다. 덕분에 사위를 비롯한 친지들에게 도움을 주면서도 저축까지 할 수 있었다.

상황은 점점 더 나빠졌다. 사람들은 갑자기 가난해졌다. 교육을 잘 받은 사람들이 길모퉁이에서 과일이나 생필품을 파는 행상이 되었다. 공원에 앉아 술을 마시며 시간을 보내는 사람들이 많아졌다. 학생들은 학교를 졸업하자마자 실업자 신세가 되었다. 살기가 힘들어지자 사람들은 누군가에 대해 화를 내고 불만을 터뜨리고 싶어 했다. 독일과 오스트리아의 나치들은 모든 불만과 증오를 유대 인을 향해 돌리게 만들었다.

가족들과 친구들은 여전히 프로이트에게 편지를 보내거나 직접 찾아와 오스트리아를 떠나야 한다고 설득하고 있었다. 프로이트는 자신이 로마 경기장에 서 있는 죄수와도 같다고 비유했다. 닫혀 있는 문 앞에서 그 문을 바라보는데 그 뒤에서 자신을 잡아먹을 사자가 나올지 아니면 결혼할 아가씨가 나올지 알 수 없는 상황이라는 것이었다. 히틀러가 오스트리아를 침공할지도 몰랐다. 아니면 오스트리아의 황태자가 다시 옛날과 같은 제국을 되살려 놓을지도 몰랐다. 프로이트는 친구들에게 편지를 썼다.

"우리는 체념하고 여기서 버티려고 합니다. 사실 신체적으로 아무 힘도 남아 있지 않아 다른 사람에게 의지해야 하는 내가 어디로 가겠습니까?"

이러는 가운데 프로이트는 80세 생일을 맞이했다. 한 달 뒤에 그에게 매우 기쁜 일이 있었다. 뉴턴과 다윈의 이름으로 빛나는 영국 왕립학회에서 프로이트를 객원 회원으로 선출한 것이었다. 왕립학회에서 회원을 받아들이는 기준은 매우 엄격하고 까다로웠고 특히 영국인이 아닌 사람을 받아들이는 건 매우 드문 경우였다. 프로이트는 아주 큰 명예라며 기뻐했다.

그러나 좋지 않은 일도 있었다. 프로이트의 암이 재발했다. 13년 동안 여러 차례 수술을 받으면서 고통스러운 나날을 견뎌 낸 뒤였다. 암은 프로이트의 뺨으로 옮겨 갔다. 그는 나흘 동안 두 차례의 수술을 받았다. 첫 번째 수술도 고통스러웠지만 두 번째는 더 심했다. 게다가 사물이 두 겹으로 보이는 증상이 나타나 프로이트는 며칠 동안 눈에 붕대를 감고 있었다. 프로이트는 늙고 초라한 자신이 낯설었다. 그 해 12월에는 세 번째 수술을 받아야 했다.

크리스마스가 지나고 나서 또 다른 소동이 기다리고 있었다. 갑자기 프로이트를 찾아온 마리 보나파르트 공주가 말했다.

"베를린에서 연락이 왔어요. 옛 책과 서류 같은 것을 사고파는 사람인데요, 교수님이 아직 『꿈의 해석』을 출간하기 전에 친구와 주고받은 편지들이 손에 들어왔는데, 저에게 사지 않겠느냐고 물었어요."

프로이트는 깜짝 놀랐다.

"도대체 누구에게 보낸 편지랍니까?"

"빌헬름 플리스 박사님이에요."

몇 년 전 플리스가 세상을 떠났을 때, 플리스의 부인이 프로이트에게 남편이 보낸 편지들을 돌려 달라고 한 적이 있었다. 프로이트는 이미 플리스의 편지들을 모두 없애 버렸다고 대답했다. 그때 프로이트는 자기가 플리스에게 보낸 편지들이 어떻게 될지 염려스러웠다. 그런데 걱정했던 일이 일어났다. 경제적으로 곤란한 상황이 되자, 플리스의 부인이 프로이트가 남편에게 보낸 편지들을 서점 주인에게 팔아넘긴 것이다.

"그 편지 속에는 내가 스스로를 분석할 때 꾸었던 꿈 이야기도 있어요. 내 아버지와 어머니, 아내와 자식들에 대한 비밀스러운 내용들도 있고요. 남의 손에 들어가면 안 됩니다. 제가 그 편지들을 사야겠습니다."

"플리스 부인이 교수님에게 편지가 되돌아가면 안 된다고 못을 박았대요. 그러니 편지들은 제가 살게요."

"안 돼요. 가족들만 알아야 할 일들이 담겨 있는 편지예요. 제가 사서 없애 버려야 합니다."

"편지를 없애 버리시면 안 돼요. 교수님은 플라톤이나 괴테처럼 인간의 정신사에 길이 남을 분이십니다. 걱정하지 마세요. 교수님이 돌아가시고 80년이나 100년이 지난 뒤에야 공개하도록 할게요."

공주는 프로이트의 편지들을 손에 넣었다. 그리고 그것들을 빈의 은행 금고에 맡겼다.

게슈타포가 안나를 잡아가다

1938년 3월 14일 월요일, 빈에 있는 모든 성당의 종이 시끄럽게 울려 퍼졌다. 오스트리아가 나치 독일과 한 나라가 된 것을 축하하는 종소리였다. 화요일에는 히틀러가 빈에 왔다. 히틀러는 광장에 모인 수많은 사람들 앞에서 오스트리아가 독일 제국의 지배를 받게 되었음을 선포했다.

"저기 유대 인이 지나간다. 잡아라!"

갈색 셔츠를 입고, 나치를 상징하는 철십자 완장을 찬 젊은이 무리가 유대 인 노인과 그의 부인을 둘러쌌다. 지나가던 사람들이 모여들었다.

"더러운 유대 인들! 예수를 팔아먹은 자들! 너희 고향으로 돌아가라!"

모여든 사람들이 욕설과 조롱을 퍼부었다. 나치 돌격대 청년들이 노부부를 사람들 앞으로 끌고 나와 무릎을 꿇게 했다. 사람들이 환호했다. 노부인은 눈물을 흘리며 멍하니 허공을 바라보고 있었다. 남편이 자기 팔을 잡고 있는 부인의 손을 쓰다듬으며 진정시키려 애썼다.

이런 일들은 계속 일어났다. 신문사들은 오스트리아에서 유대 인들이 당하는 모욕과 폭행을 앞다퉈 보도했다. 유대 인들은 거리나 카페에서 아무 이유 없이 얻어맞았고, 전차에서 내려야 했다. 은행에서 돈을 인출하던 사람들은 체포되었다.

유대 인들은 집 밖으로 나오려 하지 않았다. 나치 돌격대원들이 갑자기 유대 인들의 집으로 찾아와 집 안을 뒤지거나 사람들을 체포하거나 그 자리에서 죽이기도 했다. 돌격대원들이 들이닥치자 창에서 뛰어내려 자살한 사람도 있었다. 그해 봄 500여 명의 유대 인들이 모욕과 불안, 체포를 피하기 위해 자살했다.

프로이트의 집과 정신 분석 출판사에도 나치 돌격대원들이 들

이닥쳤다. 그들은 출판사의 서류를 뒤지고, 프로이트의 아들 마르틴을 하루 종일 가둬 두었다. 출판사에서 의심스러운 서류를 찾아내지 못하자 그들은 프로이트의 집으로 갔다. 그곳에서 돌격대원들이 안나를 끌고 가 금고문을 열게 한 다음, 금고 속의 돈을 챙기고 여권을 빼앗아갔다.

이 소식을 듣고 영국에서 어니스트 존스가 날아왔다. 한시라도 빨리 프로이트의 마음을 돌려 빈을 떠나도록 설득하기 위해서였다. 그러나 프로이트는 여전히 망설였다. 자신은 너무 늙고 쇠약해져서 기차의 계단을 오를 힘도 없다고 했다. 존스는 타이타닉호가 폭발할 때 바다에 내동댕이쳐져 나무판자를 붙들고 표류하다가 구조된 선원 이야기를 했다.

"나중에 조사를 받을 때 그 선원은 언제 배를 떠났느냐는 질문을 받았답니다. 선원은 이렇게 대답했대요. '나는 배를 떠나지 않았습니다. 배가 나를 떠났지요.' 교수님도 마찬가지입니다. 교수님께서 이 나라를 떠나는 게 아니에요. 이 나라가 이미 교수님을 떠났습니다."

프로이트는 그 말을 듣고 마음을 돌렸다.

존스가 프로이트의 체류 허가서를 받기 위해 영국으로 떠난 뒤 파리에 있던 마리 보나파르트 공주가 빈으로 왔다. 프로이트를 보호하기 위해서였다.

며칠 후 나치의 비밀 국가 경찰인 게슈타포가 다시 프로이트의 집으로 찾아왔다. 그들은 집 안 여기저기를 뒤지고 엉망으로 만들었다. 마침내 그들은 안나를 게슈타포 본부로 소환하겠다고 했다. 그러자 그 자리에 있던 마리 보나파르트 공주가 자신도 함께 소환해 달라고 말했다. 그녀는 그들에게 자신의 여권을 보여 주었다. 게슈타포들은 공주의 신분을 알게 되자 당황했다. 그리고 오후에 다시 와서 안나만을 데려가겠다고 말하고 사라졌다.

안나와 마르틴은 서둘러 프로이트의 주치의 슈르를 찾아갔다. 고문을 당하거나 강제 수용소로 끌려갈 경우 자살하기 위한 독약을 얻기 위해서였다. 독약을 준비한 안나와 마르틴은 게슈타포 본부로 출두했고, 슈르는 프로이트를 돌보기 위해 베르크 거리의 집으로 달려갔다.

안나가 체포된 뒤 프로이트는 방 안을 왔다 갔다 하면서 계속 담배만 피웠다. 슈르는 오랜 세월 동안 프로이트가 그토록 안절부절못하는 모습을 한 번도 본 적이 없다고 말했다. 다행히 안나는 저녁 일곱 시쯤 풀려나 집으로 돌아왔다.

12장

자유 속에서 죽다

불안에 떨어야 했던 기차 여행

프로이트는 아들 에른스트가 살고 있는 나라, 그리고 자신을 왕립학회 회원으로 받아 준 나라인 영국으로 떠나기로 결정했다. 안나가 게슈타포에 끌려갔다가 돌아오자 그는 정말로 떠날 때가 되었음을 확신했다.

떠날 준비를 하면서 프로이트는 많은 것들을 버렸다. 대부분은 책과 서류, 그동안 써 왔던 원고들이었다. 프로이트가 버린 원고 뭉치들을 안나가 숨겨 두었다가 마리 보나파르트 공주에게 건네주었다. 공주는 치마와 블라우스들이 들어 있는 가방 밑에 원고를 숨겨 프랑스 대사관을 통해 파리로 보냈다. 프로이트의 원고는 그렇게 살아남았다.

독일 제국이 된 오스트리아를 떠나기 위해서는 엄청난 액수의 세금을 물어야 했다. 그뿐 아니었다. 나치는 프로이트의 현금을 빼앗았고, 출판사에 있는 책들을 몰수했으며, 은행에서 돈을 찾는 것도 금지했다. 세금을 내기 위해서는 마리 보나파르트 공주의 도움이 필요했다.

마침내 여행 허가서와 여권이 나왔다. 안나는 6월 4일 파리로 떠나는 기차표를 예약했다. 프로이트는 영국에 있는 아들에게 이렇게 편지를 썼다.

“이 시련의 시기에 두 가지 기대만 남아 있구나. 하나는 너희 모두를 함께 보는 것이고, 또 하나는 자유 속에서 죽는 것이다.”

빈의 서부역에서 프로이트 일행은 이스탄불과 파리를 오고 가는 오리엔트 특급 열차에 올라탔다. 기차가 독일 제국을 가로지르는 동안 일행은 내내 불안에 떨어야 했다. 기차역에 설 때마다 언제 게슈타포가 들이닥쳐 끌고 갈지 알 수 없었기 때문이다. 마침내 라인 강을 건너 프랑스로 들어서자 모두들 안도의 한숨을 내쉬었다.

파리 역은 프로이트를 기다리는 사람들과 기자들로 북새통을 이루고 있었다. 여기저기서 터지는 플래시와 환호 속에서 프로이트는 마리 보나파르트 공주와 막내아들 에른스트 등의 따뜻한 환영을 받았다. 그리고 역 앞에 세워 둔 롤스로이스를 타고 공주의 궁전으로 향했다.

공주는 프로이트의 금화를 자신의 신분을 이용해 외교 수하물로 몰래 빈에서 가지고 나왔다. 그리고 프로이트가 가장 좋아했던 아테네 청동 여신상도 비밀리에 갖고 나왔다. 프로이트는 기쁘고 고마운 마음에 어찌할 바를 몰랐다.

열렬한 환대 속에 열두 시간을 머무른 뒤, 프로이트 일행은 밤배를 타고 영국으로 떠났다. 마침내 6월 6일 아침 프로이트는 런던의 빅토리아 역에 내렸다. 그리고 기다리고 있던 어니스트 존스와 함께 런던의 새 집으로 향했다.

영국에 도착한 뒤 한동안 프로이트는 온 세상 사람들의 환영과 관심을 누렸다. 그의 집은 편지와 꽃다발로 가득 찼다. 왕립학회의 비서관들이 '명예의 책'에 프로이트의 서명을 받기 위해 직접 방문했다. 왕립학회에서 직접 찾아가 서명을 받은 경우는 프로이트 말고는 딱 한 번 영국 왕을 찾아간 일뿐이었다. 이제 프로이트는 아이작 뉴턴, 찰스 다윈의 서명과 나란히 자신의 이름을 명예의 책에 올릴 수 있었다.

환영합니다! 프로이트!

많은 사람들이 프로이트를 만나기 위해 찾아왔다. 그 가운데는 초현실주의 화가 살바도르 달리, 뛰어난 작가 버지니아 울프 부부도 있었다.

전설이 된 프로이트의 의자

프로이트는 다시 일을 시작했다. 53년 동안 꾸준히 해 왔던 것처럼 환자를 만나고 책을 썼다. 빈의 친구들이 프로이트에게 이제는 전설이 되어 버린 '긴 의자'를 보내 주었다. 환자를 많이 받을 수는 없었으나 일주일에 나흘 동안 일했다. 그는 『인간 모세와 유일신교』의 원고를 끝냈고 그 책의 출판을 기다리면서 『정신 분석 개요』라는 새 책의 원고를 쓰기 시작했다.

그러나 암이 다시 극성을 부렸다. 그해 9월에 프로이트는 암세포를 제거하는 수술을 받았다. 마취에서 깨어났을 때 다행히 상태가 좋았다. 오후에는 벌써 책을 읽을 수 있을 정도로 기력을 회복했다.

퇴원한 뒤 새 집으로 이사했다. 아름다운 꽃이 만발한 정원이 있는 저택이었다. 평생 그가 모아 두었던 골동품들도 자리를 잡

나는 평소처럼
일하다가 죽고 싶네.

았다. 마리 보나파르트 공주가 훌륭한 청동 비너스 상을 가지고 찾아오기도 했다.

"생각을 못하고 말이 나오지 않으면 어떻게 할까 걱정이네."

프로이트는 예전에 친구에게 보낸 편지에 이렇게 썼다.

"그래서 운명 앞에 완전히 체념하는 마음으로 나는 한 가지 비밀스러운 소망을 품고 있네. 치료할 수 없는 오랜 질병 때문에 몸이 비참한 상태가 되어 인간으로서의 능력을 모두 잃게 되는 것만은 싫다는 거야. 나는 평소처럼 일하다가 죽고 싶네."

프로이트의 건강 상태는 나아지는 듯하더니 다시 나빠지기 시작했다. 심장이 점점 약해졌으며, 통증이 너무 심해서 몸이 마비될 지경이었다. 식욕이 없었고 음식을 씹어 넘기기도 힘들었다. 마침내 프로이트는 더 이상 환자를 받지 않았다.

그 무렵 독일 제국은 폴란드를 침공하면서 전쟁을 일으켰다. 프로이트가 머물던 영국도 독일에 대항해 전쟁에 참여했다. 런던 시내에 공습경보가 발령되었고 하늘에는 전투기가 날았다. 프

정신 분석은 현대의 문화와 사상을
새롭게 만든 토양이 되었다.

로이트의 마지막 나날들 또한 병과의 고통스러운 전쟁이었다. 입에서 나는 냄새가 너무 지독해서 파리가 덤벼들지 않도록 모기장 안에서 살아야 했다. 프로이트는 자신을 돌봐 주던 의사 슈르를 불렀다.

"우리가 처음 만났을 때 나누었던 대화를 기억하나? 더 이상 아무 방법도 남아 있지 않을 때 나를 불필요하게 괴롭히지 않을 거라고 약속했지. 이제 나에게 남은 건 고통뿐이야."

"약속했던 것 기억합니다. 저는 교수님처럼 인내심 많고 강한 환자는 제 평생 만나 본 적이 없었습니다."

프로이트는 슈르의 손을 꼭 잡았다.

"정말 감사하네. … 안나에게도 고맙다고 전해 주게."

슈르는 안나와 의논한 뒤, 프로이트에게 모르핀을 주사했다. 프로이트의 고통은 곧 가라앉았고, 그는 편안하고 평화롭게 잠들었다. 프로이트는 깨어나지 않았다. 1939년 9월 23일 그는 세상을 떠났다. 프로이트의 유골은 그가 아끼던 그리스 도자기에 담겨 런던의 프로이트 박물관에 안치되었다.

죽기 얼마 전 프로이트는 이런 글을 남겼다.

"내가 과학적 진실이라고 생각한 바를 지키는 데 평생을 바쳤다. 때로는 그것이 내 동료들에게 불편하고 불쾌한 것이라고 해도."

프로이트의 이러한 신념으로부터 정신 분석이라는 학문이 탄생했다. 정신 분석은 현대의 문화와 사상을 새롭게 만든 토양이 되었다. 정신 분석으로부터 새로운 생각들이 뻗어 나와 꽃피었다. 예술, 문학, 영화 그리고 자녀를 양육하는 방법에 이르기까지 영향을 미치지 않은 분야가 없었다.

프로이트의 의자

프로이트,
뭐가 더 궁금한가요?

프로이트의 유적지는 어디에 있나요?

프로이트는 4세 때 빈으로 이사 와서 82세에 런던으로 떠날 때까지 78년 동안 빈에서 살았어요. 빈은 프로이트의 도시라고 할 수 있어요. 곳곳에 프로이트의 흔적이 남아 있고, 빈 시민은 누구나 프로이트를 알 거예요.

프로이트가 47년 동안 살았던 '베르크가세 19번지'의 집은 현재 박물관으로 사용되고 있어요. 이 박물관은 예전 모습 그대로 재현해 놓았는데, 프로이트가 사용하던 모자와 지팡이가 걸려 있답니다. 또한 빈 시민들이 즐겨 찾는 '프로이트 공원'이 있어요. 여기에 있는 프로이트 기념비에는 '지성의 목소리는 부드럽다'는 아주 짤막한 문구가 새겨져 있대요.

프로이트는 1938년 나치의 박해를 피해 영국 런던으로 가서 정착했어요. 런던의 집도 현재 박물관으로 사용되고 있어요. 이 박물관 2층에서 프로이트의 목소리를 들을 수 있는데, 프로이트가 마지막으로 BBC 라디오와 인터뷰했던 내용이래요.

"정신 분석학을 처음 주장한 이래 나는 많은 이에게 비난과 모욕, 핍박을 받았다. 이제 시간이 흘러 세상은 정신 분석이라는 학문의 가치를 제대로 평가하고 인정해 주고 있다. 나는 이 사실이 자랑스럽다. 그러나 나의 투쟁은 아직 끝나지 않았다."

빈의 프로이트 박물관

2

프로이트의 부인은 어떤 사람이었나요?

1886년 결혼한 프로이트와 마르타

1886년 9월, 드디어 프로이트와 마르타는 결혼을 하게 돼요. 열렬히 사랑했지만 빨리 결혼할 수 없어 힘들었던 5년 동안의 연애 생활이 끝난 거지요. 결혼한 다음 안식일에 마르타가 유대교 의식인 촛불을 켜려고 하자 프로이트는 못하게 막았어요. 부부는 둘 다 유대 인이었지만, 프로이트는 무신론자이고 부인은 유대교를 독실하게 믿었지요. 부인이 남편의 뜻에 따름으로써 53년의 결혼 생활은 평탄하게 유지되었어요.

마르타는 6명의 아이들을 돌보느라 늘 바쁘고 분주했어요. 결혼하고 9년 사이에 아들 셋, 딸 셋이 태어난 거예요. 게다가 프로이트의 집은 늘 사람들로 북적거렸어요. 수요일마다 수요심리학회 회원들이 찾아왔고, 프로이트가 유명해진 이후로는 여러 손님들이 방문을 했죠. 안주인인 마르타는 이 모든 살림을 꾸려 가느라 늘 할 일이 많았어요.

프로이트는 로마를 일곱 번 여행했는데, 동생, 딸, 처제, 친구들하고만 갔어요. 마르타하고는 한 번도 안 갔대요. 너무했죠? 그래도 여행지에서는 거의 매일 엽서를 꼬박꼬박 보냈다고 하네요.

프로이트가 세상을 떠난 후, 부인은 53년 만에 촛불을 켰답니다.

안나는 어떤 삶을 살았나요?

프로이트가 세상을 떠난 뒤, 안나는 멜라니 클라인과 함께 영국의 정신 분석학을 이끌면서 아동 정신 분석학과 자아 심리학을 개척해 나갔어요. 정신 분석학의 대상을 아동 및 청소년으로 확대시켜 나갔고, '무의식'에 편중되어 있던 정신 분석학을 '자아'의 영역으로 확장시켰지요.

안나는 '방어 기제의 규명과 분석'에 큰 공헌을 남겼어요. 방어 기제는 '두렵거나 불쾌한 상황이나 욕구 불만에 직면하였을 때 스스로를 방어하기 위하여 자동적으로 취하는 적응 행위'라고 해요. 마음의 평온함을 무너뜨리는 정서적 사건이나 외부적 사건이 일어나면, 사람들은 불안해하며 초자아가 위태로워지는 느낌을 갖게 되어요. 이때 자아가 나서서 불안을 해결하고 평온함을 회복하기 위해 사용하는 전략을 방어 기제라고 부르지요.

안나는 평생 결혼하지 않고 정신 분석가이자 아동 심리학자로 살면서 아버지가 창시한 정신 분석학에 큰 업적을 남겼답니다. 안나가 아동의 자아 발달을 연구하던 '햄스테드 아동 치료 센터'는 안나가 세상을 떠난 후 '안나 프로이트 센터'로 이름이 바뀌었고, 살던 집은 '프로이트 박물관'으로 재탄생되었어요.

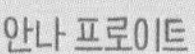

융은 프로이트와 결별한 뒤에 어떻게 지냈나요?

융은 프로이트와 결별한 뒤 외부 활동을 접고 오랫동안 자신의 세계를 탐구합니다. 기독교 신비주의와 연금술 연구에 몰두하는 한편 인도와 아프리카를 여행하고 동서양의 다양한 종교와 문화에까지 관심의 범위를 넓혔어요.

프로이트가 '개인 무의식' 규명에 몰두했다면 융은 보편적이고 원초적인 '집단 무의식' 개념을 제시했어요. 이는 개인의 꿈과 환상이 집단적으로 겪는 체험과 아주 밀접한 관계가 있으며, 개인의 삶은 그 사람의 삶에서 끝나는 것이 아니라 그보다 더 큰 것과 연결되어 있음을 말해 주는 것이기도 했지요.

융의 학설은 환자뿐 아니라 건강한 사람의 마음의 뿌리를 보다 깊고 넓게 이해하는 데 도움이 되었어요. 또 신화, 종교 심리학, 예술, 문학 등 다양한 학문에 깊은 영향을 끼쳤답니다. 융은 20세기 정신 과학자 중에서 동양 사상을 누구보다 깊이 이해함으로써 동서 학문의 교류에 이바지했지요.

분석 심리학의 창시자인 융은 프로이트, 아들러와 함께 심리학의 3대 거장이라 일컬어집니다.

4

칼 구스타프 융

5

프로이트의 대표작 두 편을 꼽는다면요?

『꿈의 해석』

1905년 발표한『성욕에 관한 세 편의 에세이』는『꿈의 해석』과 함께 인간의 삶의 본질을 가장 잘 드러낸 프로이트의 대표작으로 평가받아요. 프로이트도 "『성욕에 관한 세 편의 에세이』는『꿈의 해석』에 비교할 만한 가치를 지닌 것"이라고 말했답니다.

세 편의 에세이 중 첫 번째는 '다양한 성적 일탈'을 다루고 있는데, 신경증 환자들은 정상적인 사람들보다 원시적인 경향을 더 보여 줄 뿐이라고 했어요.

두 번째는 '유아기의 성욕'으로, 유아의 쾌락의 대상이 구강에서 항문, 성기의 순으로 진행된다고 밝혔어요. 엄마 젖에 집착하다가, 자신의 배설물에 관심을 보이며, 성기를 자극하면서 쾌감을 느낀다는 것이지요.

세 번째는 '사춘기의 변화들'로 이 시기에는 성적 정체성이 확립되고, 오이디푸스 애착이 되살아나고, 성적 만족을 얻는 일에 생식기가 지배적인 위치를 차지하게 된다고 밝혔어요.

『성욕에 관한 세 편의 에세이』는 분량이 80쪽 정도 되는 작은 책이지만, 당대의 사회를 크게 뒤흔들었으며, 거센 저항을 불러 일으켰지요. 그러나 성적 충동이 인간의 마음을 움직이는 가장 강력한 동인이며, 유아에게도 성욕이 있다는 프로이트의 주장은 많은 사람들에게 큰 영향을 끼쳤답니다.

정신 분석은 오늘날 어떻게 받아들여지나요?

프로이트의 정신 분석 이론들은 시간이 흐르며 사라져 버린 것들도 있지만 여전히 살아남은 것들도 있어요. 과학자들은 잠자는 환자의 수면 주기를 보여 주는 기계 장치를 발명하여 뇌의 어느 부분이 꿈을 꾸게 하는 것인지 찾아낼 수 있게 되었지요. 이제 과학자들은 꿈이 '소망 성취'를 위한 것이라기보다는, 낮 동안 접한 정보를 처리하는 방식이거나 임의로 재생되는 무의미한 파편들일 수 있다고 결론을 내렸어요.

또한 프로이트가 예언했듯이, 20세기 중반에 뇌의 화학 물질을 조절하는 것으로 정신 질환에 확실한 도움을 줄 수 있는 약물들이 발견되었어요. 정신 분열증이나 우울증 같은 질환들은 대화 치료보다는 약물 치료로 싸고 더 빠른 효과를 얻을 수 있게 되었답니다.

프로이트는 과학자라기보다는 새로운 생각의 흐름을 열어 준 사상가라고 할 수 있어요. 프로이트는 '무의식'이라는 개념을 통해 현대 심리학과 신경 과학 그리고 예술과 문학에 이르기까지 다양한 영향을 끼쳤어요. 프로이트 덕분에 사람들은 우리 마음에 대해 더 깊이 들여다볼 수 있게 된 것이지요.

6

지크문트 프로이트